王尚文／著

东坡
心耕录

上海教育出版社

东坡
心耕录

目
——
录

前言　一再的震撼

　　我年轻时，对苏东坡可以说是一见钟情，印象最深的是他对人的态度："自上可以陪玉皇大帝，下可以陪悲田院乞儿"，"眼前见无一个不好人"①。这深深震撼了我，觉得他的这种人道主义精神在古代作家中极为难得，十分可贵！由此我想起了杜甫，想起了他的《茅屋为秋风所破歌》："八月秋高风怒号，卷我屋上三重茅。茅飞渡江洒江郊，高者挂罥长林梢，下者飘转沉塘坳。南村群童欺我老无力，忍能对面为盗贼。公然抱茅入竹去，唇焦口燥呼不得，归来倚杖自叹息。"杜甫当时生活困苦，我能理解并体谅他对"公然抱茅入竹去"的南村群童的怒火，但称之为"盗贼"，毕竟过分了一点。我猜，若遇此情景，苏东坡定会宽容地含笑看着这些儿童，不可能以"盗贼"视之。试看东坡笔下的黎族儿童：

　　总角黎家三四童，口吹葱叶送迎翁。

---

① 高文虎撰，程郁整理.蓼花洲闲录［M］//全宋笔记.郑州：大象出版社，2019：14-15.

莫作天涯万里意，溪边自有舞雩风。①

他们与东坡的关系是何等友好、亲密！东坡也从他们身上感受到了无穷的温暖与力量。

近两三年来重读东坡，发现他关于君民关系的见解石破天惊，给了我更大的震撼。这，我们得从君臣关系说起。早先我以为"君君臣臣父父子子"，孔子说的就是君于臣的无上权威，臣对君的绝对服从，等等。其实，在孔子的观念中，他并不赞同臣对君绝对效忠与服从，也不赞同子对父盲目"愚孝"。他提出"君君臣臣父父子子"应指相互要尽到各自的责任和义务。《论语·八佾》：

定公问："君使臣，臣事君，如之何？"孔子对曰："君使臣以礼，臣事君以忠。"

足见孔子认为"臣事君以忠"不是无条件而绝对是有前提的，这就是"君使臣以礼"。礼和仁密切相关，《论语·颜渊》说：

① 苏轼撰，王文诰辑注，孔凡礼点校.苏轼诗集：第七册[M].北京：中华书局，1982：2323.

　　子曰："克己复礼为仁。一日克己复礼，天下归仁焉。为仁由己，而由人乎哉？"颜渊曰："请问其目。"子曰："非礼勿视，非礼勿听，非礼勿言，非礼勿动。"颜渊曰："回虽不敏，请事斯语矣。"

仁是孔子思想的核心观念。人在本质上，是"一切社会关系的总和"（马克思语），作为一个人，就是眼里应该看到别人作为人的存在，心里应该想到别人也会有和自己同样作为人的需求，切忌根本不顾别人只求放纵一己之欲望，这就是"仁"——在和他人的关系中，双方都把对方如实地看成和自己一样的人（"亻"），否则就会感到不忍，于是恻隐之心、悲悯之心油然而生。仁就是"己欲立而立人，己欲达而达人"（《论语·雍也》），就是"己所不欲，勿施于人"（《论语·卫灵公》）。它是基于先天的基础经由后天诱导、培育而成。在这个意义上，仁，就是人之为人的根本。
　　由君臣谈到君民，《论语·学而》中孔子说得很具体："道千乘之国，敬事而言，节用而爱人，使民以时。""道"者，导也，说的就是一个国家的为君之道，其核心主要就是仁，就是爱民。至于孟子，更要激进一点。他说："君之视臣如手足，则臣视君如腹心；君之视臣如犬马，则臣视君如国人，君之视臣如土芥，则臣视君如寇仇。"（《孟子·离娄下》）他甚至提出了以下主张："民为贵，社稷次之，君为轻。"(《孟子·尽心下》)当齐宣王问孟子:"臣弑其君可乎？"孟子说:"贼仁者谓之'贼'，贼义者谓之'残'，残贼之人谓之'一夫'。闻诛一夫纣矣，未闻弑君也。"(《孟子·梁惠王下》)"一夫"者，独夫也，常和"民贼"连用。可汉初董仲舒认为，"王道之三纲，可求于天"(《春秋繁露·基义》)，君臣、父子、夫妻存在着天定的、永恒不变的主从关系：君为主、臣为从；父为主，子为从；夫为主，妻为从；即所谓的"君为臣纲，父为子纲，夫为妻纲"这三纲。他在《春秋繁露·基义》中说"天为君而覆露之，地为臣而持载之；阳为夫而生之，阴为妇而助之；春为父而生之，夏为子而养之"，帝王是天的代理者，这是"天命"注定，无可动摇。

孔孟有关理论到了董仲舒这里，发生了根本的变化。基于天人合一学说，董仲舒认为"君臣之道，本于天道"，君乃天子，"王者承天意以从事"，口含天宪，代表天来统治臣民。君和臣民之间，臣和民之间，一尊一卑，一贵一贱，"君为臣纲"，天道不可违，尊卑贵贱不能变。在君面前，臣民只能跪着；在臣面前，民只能跪着。原先的"民为贵"，变成了君为贵；"君为轻"，变成了民为轻。我们甚至可以用"尊君卑臣贱民"这六个字来概括他的有关主张。因此董仲舒的学说受到汉代以来统治集团的追捧，从而罢黜百家，成为唯一的官方意识形态。宋代当然也不例外，其初虽号称"与臣共治天下"，其实决不容许外人染指自己的皇权。"共治"非共有也，实际上只是君利用臣为自己服务，臣只是为君所用的工具而已。

苏轼继承了孔孟关于君臣关系的民本思想，更可贵的是还有本质的超越。早在宋仁宗的嘉祐六年（1061），这一年东坡二十六岁，他在《御试制科策》这篇系统全面的政见报告书中就直截了当地指出：

> 夫天下者，非君有也，天下使君主之耳！①

不但突破了董仲舒的枷锁，也超越了孔孟。《孟子·万章上》：

> 万章问："舜之有天下，谁与之？"孟子答："天与之。"

苏轼把"天与之"的"天"变成了"天下"，"天与之"变成了"天下使君主之"，这样，君臣关系就由玄妙莫测的人与天的关系，变成了现实可知的人与人的关系，振聋发聩，可谓当时的时代最强音，值得我们高度重视。可以肯定，苏轼此之

---

① 苏轼撰，茅维编，孔凡礼点校.苏轼文集：第一册[M].北京：中华书局，1986：299.

谓"天下",当然包括百姓在内,君不过主其事而已,至于君之所以能够主其事,是来之于"天下"的授权。这就完全不同于当时一般士大夫的看法。例如文彦博就曾明确提出:君"与士大夫治天下,非与百姓治天下也"[1]。百姓明显是被治者,是治的对象。

我认为,孟子说的是"民贵君轻",意义固然重大;而苏轼否定了"君有"而提出了"非君有",在观念上更迈出了历史性的关键一步。我们似可断言:在君民相对的语境里,"非君有"实际上指的就是民有;"天下使君主之耳",君由所有者变成了主事者,主事者实际上就是服务于所有者的服务者,此其一;其二,主事者若不主事,甚或坏了事,所有者就有权予以惩戒甚至撤换。这就是民主的萌芽,已经超越了实际上基于"君有"的所谓民本思想。可惜就我阅读所及,我们对苏轼的这一思想似乎尚未给予足够的重视,谈到苏轼的政治思想,也往往止步于"民本"这一范畴。从语句结构看,"以民为本"无施动的主语。 主语是什么?还是民之上的君。"以民为本"者的主语还是君,而非民,与苏轼"夫天下者,非君有也"的主张还是有颇大的距离,两者似不能相提并论。

但我们也不能根据苏轼曾经提出天下"非君有"这一主

---

① 李焘.续资治通鉴长编:卷二二一[M].2版.北京:中华书局,2004:5370.

张就给他贴上"民主主义者"的标签，由于历史和时代的局限，苏轼当然尚未达到这样的高度。难能可贵的是，苏轼的一生都在为忧民爱民而行动，为此拼搏不已，哪怕他因此而坐牢，即使有生命之虞，他也没有真正后悔过，往往还是勇往直前。他是诗人，用笔写了很多不朽的作品，其实，他的生活、生命本身也就是诗，而且是更动人、更伟大的诗篇！苏东坡，不仅仅是他的名号，对于千百年来的读者来说，还意味着一种人生态度，指代着别样的人生观、价值观，总是给人以无尽的有益启示。

一、东坡掠影

1. 从名字说起

古代读书人，一般称为士，或士子、士人，名字往往比较复杂，即使是最简单的，一般起码也有三个：名、字、号。名、字大多为长者所取，两者意义往往相互关联，寄托了他们的希望；所谓"号"，往往自取，以表达本人的志趣、意愿。古人有"名以正体，字以表德，号以明志"的说法。苏洵《嘉祐集·名二子说》：

> 轮辐盖轸，皆有职乎车，而轼独若无所为者。虽然，去轼，则吾未见其为完车也。轼乎，吾惧汝之不外饰也。天下之车莫不由辙，而言车之功者，辙不与焉。虽然，车仆马毙，而患亦不及辙，是辙者，善处祸福之间也。辙乎，吾知免矣。①

当时，苏轼才十一岁，苏辙才八岁。古人云，知子莫若父。苏洵对两个儿子个性的了解都相当准确，所赐之名也都挺有针对性，如苏轼就确实比较外向，有时甚至多少有点任性，

---

① 曾枣庄，金成礼.嘉祐集笺注[M].上海：上海古籍出版社，1993：415.

因此说"吾惧汝之不外饰也"。苏轼仕途的不顺，不能说与其说话行事常"不外饰"完全无关。

苏轼贬官黄州时期，曾躬耕于城东的一块土坡，《东坡乐府》卷下《江城子·引》："元丰壬戌之春，余躬耕于东坡，筑雪堂居之。"①东坡实际上就是他在黄州近郊之居所和耕作所在地。苏辙《亡兄子瞻端明墓志铭》："公幅巾芒属，与田父野老相从溪谷之间，筑室于东坡，自号东坡居士。"②《宋史·苏轼传》："轼与田父野老相从溪山间，筑室东坡，自号'东坡居士'。"以上三种说法高度一致。不过，苏轼虽自号"东坡居士"，却非虔诚的佛教徒，流行的称呼还是略去"居士"的"东坡"二字。东坡因躬耕于此而自号"东坡"，除了地理的原因，似乎更有"明志"的意图。不能不说，"乌台诗案"、贬官黄州对他思想情感的影响至深至巨。在黄州写的《答李端叔书》中，他说到"故我""今我"这两个词，特别值得我们重视："谪居无事，默自观省，回视三十年以来所为，多其病者。足下所见皆故我，非今我也。"③我认为贬谪

① 邹同庆，王宗堂.苏轼词编年校注：上册[M].北京：中华书局，2016：352.

② 苏轼撰，王文诰辑注，孔凡礼点校.苏轼诗集：第八册[M].北京：中华书局，1982：2806.

③ 苏轼撰，茅维编，孔凡礼点校.苏轼文集：第四册[M].北京：中华书局，1986：1432－1433.

黄州躬耕于东坡，是他自觉告别"故我"走向"今我"的转折点，至于相对于"故我"，"新我"新在何处，从何而来，又经历了怎样的心路，这就是本书所要探讨的主题。由于"号"以明志，特别值得注意的是，他在《东坡志林·尧舜之事》一文之末自称"东坡先生"："东坡先生曰：士有以箪食豆羹见于色者。自吾观之，亦不信也。"①极有可能是他对"东坡先生"寄寓了自己的人格理想，有一份格外的珍惜和尊重。一般人的名、字、号的实际所指都是同一个人，它们的区别只是习惯上的使用范围不同而已。但我觉得不一般的是，东坡似乎并不全等于苏轼，而是苏轼走向理想自我的一个不断自我塑造的过程，简言之，东坡是理想化的苏轼；尽管自号"东坡"之前，苏轼也已有"东坡"的因子。

比起苏轼这个名字，"东坡"更让人觉得亲近、亲切。人们常说爱国诗人屈原、陆游，词人李清照，剧作家汤显祖，等等；但在诗人、词人、散文家、画家、书法家等这些头衔中，任何一个给苏东坡当然都行，但要找出最合适的一个，似乎又颇感为难，因为任何一个都会让人感到有所不足。即使全部都加给他，我们也往往仍有这种感觉。何以故？就因为"苏东坡"比"苏轼"的内涵更丰富，个性更鲜明，形象更突出。

---

① 苏轼撰，王松龄点校.东坡志林[M].北京：中华书局，1981：83.

2. 家庭的影响

　　苏轼的出身并不高贵，但他的家庭是一个典型的书香之家。父亲苏洵和苏轼、苏辙两兄弟在我国古代文学史上创造了惊人的奇迹，这个家庭的父子三人占了影响极大的"唐宋八大家"中的三家。三把文化之火，相互点燃，相互照映，正可以说是上苍的特殊恩赐。

　　人是社会的人，作为一个个具体的个人，家庭是他语言化、社会化进程的开端，可以看成人生第一所学校，于他一生的成长发展关系极为密切，影响极为深刻，千万不可小觑。所有比他年长的家庭成员其实都是他的教师，而家族往昔的故事也是他重要的启蒙教科书之一。在苏家，有两件事极为有趣，值得一提。据苏洵《族谱后录》下篇记载："族叔父玩尝有重狱，将就逮，曰：'入狱而死，妻子以累兄。请为我诇狱之轻重，轻也以肉馈我，重也以菜馈我。'"①后来苏轼在"乌台诗案"狱中几乎就是照抄了他这位先祖的

---

①　曾枣庄，金成礼.嘉祐集笺注[M].上海：上海古籍出版社，1993：385.

"作业"：

> 苏东坡元丰间逮诏狱，与其长子迈俱行。与之期送食惟菜与肉；有不测，则撤二物而送鱼，使伺外间以为候。①

苏轼祖父苏序"见士大夫曲躬尽敬，人以为谄，及其见田夫野老亦然，然后人不为怪"②。我们似乎有理由相信：苏轼平等待人的态度很可能就是受到了祖父的启发。

以前有人常说苏轼出生于富裕殷实的财主家庭，其实，他家原先不但不富，还相当穷困。《经进东坡文集事略》之《秋阳赋》，题注引晁补之云"公自谓少贫贱暴露"③。《跋李伯时卜居图》："余本田家，少有志丘壑，虽为缙绅，奉养犹农夫。"④《次韵答章传道见赠》云："嗟我昔少年，守道贫非疚。"⑤《秋阳赋》曾经生动地描述他家当年贫苦的情景：

---

① 颜中其.苏东坡轶事汇编[M].长沙：岳麓书社，1984：60.

② 同①386.

③ 曾枣庄.苏轼论集[M].成都：巴蜀书社，2018：372.

④ 苏轼撰，茅维编，孔凡礼点校.苏轼文集：第五册[M].北京：中华书局，1986：2216.

⑤ 苏轼撰，王文诰辑注，孔凡礼点校.苏轼诗集：第二册[M].北京：中华书局，1982：424-425.

方夏潦之淫也，云烝雨泄，雷电发越，江湖为一，后土冒没，舟行城郭，鱼龙入室。菌衣生于用器，蛙蚓行于几席。夜违湿而五迁，昼燎衣而三易。是犹未足病也。耕于三吴，有田一廛。禾已实而生耳，稻方秀而泥蟠。沟塍交通，墙壁颓穿。面垢落堑之涂，目泣湿薪之烟。釜甑其空，四邻悄然。鹳鹤鸣于户庭，妇宵兴而永叹。计有食其几何，矧无衣于穷年。①

此情此景此苦此叹，非亲历者所不能道也。

司马光《苏主簿夫人墓志铭》（苏主簿夫人指苏轼之母程夫人）说程氏"生十八年归苏氏。程氏富而苏氏极贫"。②苏辙《栾城集》卷九《次韵张耒见寄》"我家初无负郭田，茅庐半破蜀江边"等均可佐证当初之贫困。亲身经历过贫困之境者往往能够比较真切地同情处于贫困之人。这也是苏轼对普通民众极富同情心的源头之一。

苏轼家由于程氏的料理，后来才逐渐富裕起来。他母亲程氏喜读书，又重视子女教育，"每称引古人名节以励之，曰

---

① 苏轼撰，茅维编，孔凡礼点校.苏轼文集：第一册[M].北京：中华书局，1986：10.
② 孔凡礼.苏轼年谱：上[M].北京：中华书局，1998：7.

'汝果能死直道，吾无戚焉'"①。子由《亡兄子瞻端明墓志铭》说："公生十年，而先君宦学四方，太夫人亲授以书。闻古今成败，辄能语其要。太夫人尝读《东汉史》至《范滂传》，慨然太息。公侍侧，曰：'轼若为滂，夫人亦许之否乎？'太夫人曰：'汝能为滂，吾顾不能为滂母耶？'公亦奋厉有当世志。太夫人喜曰：'吾有子矣。'比冠，学通经史，属文日数千言。"范滂是东汉的名士，坚决反对宦官专权误国，后来汉灵帝抓捕党人，范滂镇静自若地去投案自首，他母亲和他诀别的时候说："你能和李、杜（指东汉李固与杜乔两位著名的忠直大臣，并称李杜）齐名，死亦何恨，不用担心我。"少年苏轼想做范滂，不应只是看作一时的冲动而已。同时，他少时也受到过道家的濡染："少时遇隐者曰：'孺子近道，少思寡欲。'……《易》曰无思也，无为也。我愿学焉。"②《与王庠》："轼少时本欲逃窜山林，父兄不许，迫以婚宦……"③其母程氏在其他方面也给苏轼以良好的影响。苏轼《记先夫人不发宿藏》云：

---

① 孔凡礼.苏轼年谱：上[M].北京：中华书局，1998：17.

② 苏轼撰，茅维编，孔凡礼点校.苏轼文集：第二册[M].北京：中华书局，1986：363.

③ 苏轼撰，茅维编，孔凡礼点校.苏轼文集：第五册[M].北京：中华书局，1986：1820.

先夫人僦居于眉之纱縠行。一日，二婢子熨帛，足陷于地。视之，深数尺，有一瓮，覆以乌木板。夫人命以土塞之，瓮中有物，如人咳声，凡一年而已……其后吾官于岐下，所居古柳下，雪，方尺不积雪，晴，地坟起数寸。吾疑是古人藏丹药处，欲发之。亡妻崇德君曰："使先姑在，必不发也。"吾愧而止。①

这说的是不贪，下面一则《记先夫人不残鸟雀》说的是惜生：

少时所居书堂前，有竹柏杂花丛生满庭，众鸟巢其上。武阳君恶杀生，儿童婢仆，皆不得捕取鸟雀。②

也许受了母亲的影响，苏轼也极爱护动物生命：

鹅能警盗，钱塘人喜杀之，日屠百鹅而鬻之市。予自湖上夜归，过屠者门，闻群鹅皆号，声振衢路，若有诉者。予凄然，欲赎其死，念终无所置之，故不果，然至今往来予

① 苏轼撰，茅维编，孔凡礼点校.苏轼文集：第六册[M].北京：中华书局，1986：2373-2374.

② 同①.

心也。①

文虽短小，却把他的心理活动刻画得颇为生动，尤其是最后一句写出了他诚挚的恻隐之心，令人动容。另有一则《记徐州杀狗》也很有意思。徐州司法引经据典以为不当禁杀狗，苏轼引孔子的话反驳道："孔子曰：'弊帷不弃，为埋马也。弊盖不弃，为埋狗也。'死犹当埋，不忍食其肉，况可得而杀乎？"②他对动物尚且如此，对人自不待言。"不忍"之心其实是理解苏轼个性心理的关键词之一。

东坡之祖、父总是十分重视坚守自己的人格尊严。据有关史料记载，苏轼的祖父苏序就没有把功名过分放在心上，尤其是父亲苏洵，少不喜学，二十七岁才发愤用功，但两举进士皆不中，这对他的一生产生了几乎是决定性的影响。他在《上韩丞相书》说"知取士之难，遂绝意于功名，而自托于学术"③。经人推荐，苏洵曾多次求见名人高官，但他一直保持着自己的人格尊严，从不屈膝献媚。如和欧阳修见面并得到赞许之后，曾多次寄文章去，可欧阳修都说"吾未暇读

① 苏轼撰，茅维编，孔凡礼点校.苏轼文集：第六册[M].北京：中华书局，1986：2374 - 2375.

② 同①2375.

③ 曾枣庄，金成礼.嘉祐集笺注[M].上海：上海古籍出版社，1993：353.

也"；于是他在《上欧阳内翰第二书》中就直白地明说了自己的不满、埋怨之意：

> 若执事，天下所就而折中者也。不知其不肖，称之曰："子之《六经论》，荀卿子之文也。"平生为文，求于千万人中使其姓名仿佛于后世而不可得。今也，一旦而得齿于四人者之中，天下乌有是哉？意者其失于斯言也。执事于文称师鲁，于诗称子美、圣俞，未闻其有此言也，意者其戏也。
>
> 惟其愚而不顾，日书其所为文，惟执事之求而致之。既而屡请而屡辞焉，曰："吾未暇读也。"退而处，不敢复见，甚惭于朋友，曰："信矣，其戏也！"①

这封信写得相当尖锐，由当初以对方的赞誉为"失言"进而料想为"其戏也"，这是从其言本身得出的结论；再根据"吾未暇读也"而最后论定。由"料想"到"论定"，是一次跳跃，因料定者是我自己，所料也未必确凿，而论定的对象就是对方，特别是所根据的就是对方亲口所说的"吾未暇读也"这一句话。从表面看，苏洵所不满的是对方以别人的文章为戏的态度，实际上却是"吾未暇读也"所表现出来的轻慢。——我们不能忘记苏洵当时是个布衣，而对方则是中枢

---

① 曾枣庄，金成礼.嘉祐集笺注[M].上海：上海古籍出版社，1993：334-335.

高官，又是文坛领袖，苏洵如此毫不掩饰自己的不满，不，几乎应当说愤慨，因为苏洵认为事关自己的人格尊严，"屡请而屡辞"（指"吾未暇读也"），我们完全理解苏洵的心情，并对他的态度表示赞佩！

后来见到时任宰相的富弼之后，在《上富丞相书》中，苏洵一开始就很不客气责问他：

相公阁下：往年天子震怒，出逐宰相，选用旧臣堪付属以天下者，使在相府，与天下更始，而阁下之位实在第三。方是之时，天下咸喜相庆，以为阁下惟不为宰相也，故默默在此；方今困而后起，起而复为宰相，而又值乎此时也，不为而何为？且吾君之意，待之如此其厚也，不为而何以副吾望？①

两信均绝无卑躬屈膝之态、苟合取容之意。后来诏命下，令到舍人院应试，他居然称病没有赴试。朝廷任命他为秘书省校书郎，因官俸"不足以赡养"②而未入职；后命任霸州文安县主簿，编纂礼书，才勉强接受。出蜀之前，苏洵有个朋友雷简夫，"简夫有盛誉于当时，然殊不为苏轼兄弟所

---

① 曾枣庄，金成礼.嘉祐集笺注[M].上海：上海古籍出版社，1993：307-308.

② 同①353.

重，以简夫出仕后有负初衷也"。"有负初衷"是指其曾受恶人之贿为恶人张目，因此苏轼兄弟集中无一字及简夫。于此，孔凡礼评论道："二苏胸怀坦荡，疾恶如仇，其眼中实不能容砂粒。"①

3. 出仕与归隐的一生矛盾

苏轼少时即思维迅捷，感觉敏锐，聪慧异常，后来随着年岁的增长和读书的增多加深，眼光也变得高远，胸襟更加阔大，充分显示了他是一个做大事、成大业的人，绝不只是一个仅仅擅长文章诗赋的所谓书生、文人。有学者认为苏轼"以创作为生命第一义"②，似乎尚缺乏证据。

在我国中古时期，参加科举考试，几乎是所有读书人无比重大的第一要务，尤其在重文轻武的宋代，社会各界当然也很重视科举，读书人则更加热衷，因为这是建功立业、跻身权贵阶层唯一的必由之路。苏轼兄弟虽都科举得中，但他

---

① 孔凡礼.苏轼年谱：上[M].北京：中华书局，1998：37，39.

② 王水照，崔铭.苏轼传[M].北京：人民文学出版社，2019：215.

们对仕途富贵似乎都比较淡泊。早在嘉祐四年，作者回京途
经忠州因屈原塔所作的诗里就写道：

> 古人谁不死，何必较考折。
>
> 名声实无穷，富贵亦暂热。
>
> 大夫知此理，所以持死节。①

这当然是歌颂屈原，但也表露自己对生命对名声富贵的
看法。嘉祐六年他们兄弟俩就已有在家隐居之念。从此，出
仕与归隐的矛盾几乎贯串他们的一生。这时苏轼才二十六
岁。有诗《辛丑十一月十九日，既与子由别于郑州西门之
外，马上赋诗一篇寄之》云：

> 不饮胡为醉兀兀，此心已逐归鞍发。
>
> 归人犹自念庭闱，今我何以慰寂寞。
>
> 登高回首坡垄隔，但见乌帽出复没。
>
> 苦寒念尔衣裘薄，独骑瘦马踏残月。
>
> 路人行歌居人乐，童仆怪我苦凄恻。
>
> 亦知人生要有别，但恐岁月去飘忽。

---

① 苏轼撰，王文诰辑注，孔凡礼点校.苏轼诗集：第一册[M].北京：中华书
局，1982：23.

寒灯相对记畴昔，夜雨何时听萧瑟。

君知此意不可忘，慎勿苦爱高官职。

原注："尝有夜雨对床之言，故云尔。"①

"尝有"之事说的是，嘉祐六年秋，为了准备不同寻常的为选拔非常人才、由皇帝亲自主持的"制科"考试，苏轼兄弟暂时移居到怀远驿中。一夜，风雨骤至，他们读到唐代诗人韦应物"宁知风雨夜，复此对床眠"这一名句，受到深深的触动，于是约定，日后若有所成就，一定及早回乡退隐为闲居之乐，决不贪恋富贵、高位。此后他们各自都曾多次提及此事。如苏轼《初秋寄子由》：

百川日夜逝，物我相随去。

惟有宿昔心，依然守故处。

忆在怀远驿，闭门秋暑中。

……

雪堂风雨夜，已作对床声。②

① 苏轼撰，王文诰辑注，孔凡礼点校.苏轼诗集：第一册[M].北京：中华书局，1982：95 - 96.

② 苏轼撰，王文诰辑注，孔凡礼点校.苏轼诗集：第四册[M].北京：中华书局，1982：1169 - 1170.

又如《感旧诗并叙》:

嘉祐中，予与子由同举制策，寓居怀远驿，时年二十六，而子由二十三耳。一日，秋风起，雨作，中夜翛然，始有感慨离合之意。自尔宦游四方，不相见者，十尝七八。每夏秋之交，风雨作，木落草衰，辄凄然有此感，盖三十年矣。①

归隐与出仕，看似矛盾，甚或对立，但在苏轼兄弟似乎又有统一的一面。不出，从何处归？不仕，又谈何隐？出仕，在苏轼是出于一种担当，对百姓、国家，对家族、自己的无可推卸的责任。但在证明了自身的价值之后，似乎就获得了归隐的自由。在此人生的岔路口上，是否归隐，往往是更艰难的选择。"归去来兮，田园将芜，胡不归？"从动机上看，归与不归，实际上都可能并不单一，不同的人在不同的情势中往往不尽相同，更多的往往是贪图富贵利禄而不归。就苏轼而言，归隐，几乎可以肯定是以已经建功立业为前提的。嘉祐六年八月，苏轼以"贤良方正能直言极谏科"考入第三等，为开科以来的最高等级，这是极大的荣誉。这为他

---

① 苏轼撰，王文诰辑注，孔凡礼点校.苏轼诗集：第六册[M].北京：中华书局，1982：1776.

展现了诱人的仕途前程。特别有意思的是，就在出席进士及第的琼林苑宴时他就与同年蒋子奇相约日后一同归隐。元丰七年，他在《次韵蒋颖叔》有句云"琼林花草闻前语，罨画溪山指后期"，并自注："蒋诗记及第时琼林苑宴坐中所言，且约同卜居阳羡。"①他俩正春风得意，虽然尚未坐上官位，但其已是囊中之物。此时就想着归隐，在我看来，这其实隐含着相互勉励早日建功立业的愿望。

次年他在《九月二十日微雪怀子由弟二首》（之二）诗中说："未成报国惭书剑，岂不怀归畏友朋。""惭""畏"，似乎表明出仕多少有被动的成分，其实当年刻苦读书还不就是为了报国大业吗？到了熙宁年间，他归隐的愿望不断趋于强烈。熙宁四年《游金山寺》说："我谢江神岂得已，有田不归如江水。"②同时《自金山放船至焦山》也说："行当投劾谢簪组，为我佳处留茅庵。"③

熙宁十年他在《水调歌头·安石在东海》中写道：

① 苏轼撰，王文诰辑注，孔凡礼点校.苏轼诗集：第四册[M].北京：中华书局，1982：1266.

② 苏轼撰，王文诰辑注，孔凡礼点校.苏轼诗集：第二册[M].北京：中华书局，1982：308.

③ 同②309-310.

　　余去岁在东武，作《水调歌头》以寄子由。今年，子由相从彭城百余日，过中秋而去，作此曲以别余。以其语过悲，乃为和之。其意以不早退为戒，以退而相从之乐为慰云耳。

　　安石在东海，从事鬓惊秋。中年亲友难别，丝竹缓离愁。一旦功成名遂，准拟东还海道，扶病入西州。雅志困轩冕，遗恨寄沧洲。　　岁云暮，须早计，要褐裘。故乡归去千里，佳处辄迟留。我醉歌时君和，醉倒须君扶我，惟酒可忘忧。一任刘玄德，相对卧高楼。①

　　此时东坡已经四十二岁，念叨着"功成名遂"，似乎就是为了实现褐裘退隐的向往。只要一旦功业有所成就，必定归隐。"一任刘玄德，相对卧高楼"，这两句典出《三国志·魏书·陈登传》。刘备曾对许汜说："君有国士之名。今天下大乱，帝主失所，望君忧国忘家，有救世之意。而君求田问舍，言无可采，是元龙所讳也，何缘当与君语？如小人，欲卧百尺楼上，卧君于地，何但上下床之间邪？"此处，东坡自认为求田问舍之心，并不可耻，就任凭像陈元龙、刘备那样所谓忧国忘家的人士瞧不起吧！东坡说得非常直白，做个普普通通的人回到故乡老家享受天伦之乐，这实在也没有什么

① 邹同庆，王宗堂.苏轼词编年校注：上册[M].北京：中华书局，2016：211-212.

不好，无论如何比那些满嘴忧国忘家、一心只想升官发财的人高尚多了。按从前的说法，出仕就是将自己这个人交给了君（因此请求退休称"乞骸骨"），而归隐就是回到了自身。东坡当时若愿意回到自身，起码就无后来的牢狱之灾、杀头之忧、远贬之难。不过，在这里我想说的是，他回乡隐居的愿望是真诚的，但似乎没有与建功立业的前提脱钩。直到元丰年间在知湖州任上被逮北上途中，才"恍然酒醒梦觉"。次年，他在《与杜几先》中说：

> 去岁八月初，就逮过扬，路由天长，过平山堂下，隔墙见君家纸窗竹屋依然，想见君黄冠草屦，在药墟棋局间，而鄙夫方在缧绁，未知死生，慨然羡慕，何止霄汉！既蒙圣恩宽贷，处之善地，杜门省愆之外，萧然无一事，恍然酒醒梦觉也。[1]

路过当时，不但"下床"不可得，连"卧于地"亦难矣哉！"恍然酒醒梦觉"，东坡真是慨然言之也！我想，比上引《水调歌头》"一任刘玄德"等语似乎更加恳挚真切！

神宗死后，东坡在被重用之时仍常怀归，虽然真诚，似不迫切。直到后来被南贬，归亦不可得，就安心在贬所居家

---

① 苏轼撰，茅维编，孔凡礼点校.苏轼文集：第四册[M].北京：中华书局，1986：1759.

度日。元符三年（1100）徽宗即位，形势为之一变，希望起用二苏的呼声颇高，但东坡已决心"洗心归命"①。退居林下，无有它念。次年逝世。

4. 基于仁又超乎仁的坚定信念

苏轼从小就不是"死读书"的人。约十一岁（或之前）作264字之长的四言韵文《却鼠刀铭》，得到曾祖父的称赞。又《爱日斋丛钞》卷四：

眉山刘微之巨，教授郡城之西寿昌院，从游至百人。苏明允命东坡兄弟师之。时尚幼。微之赋《鹭鸶诗》，末云："渔人忽惊起，雪片逐风斜。"坡从旁曰："先生诗佳矣，窃疑断章无归宿，曷若'雪片落蒹葭'乎？"微之曰："吾非若师也。"②

---

① 苏轼撰，茅维编，孔凡礼点校.苏轼文集：第五册［M］.北京：中华书局，1986：1901.

② 颜中其.苏东坡轶事汇编［M］.长沙：岳麓书社，1984：1.

又，《苏轼年谱》庆历八年（1048）十三岁条下引马永卿《元城语录》云：

少年时与其父并弟同读郑公《使北语录》，至于说大辽国主云"用兵则士马物故，国家受其害，爵赏日加，人臣享其利，故凡北朝之臣劝用兵者，乃自为计，非为北朝计，虏主明知利害所在，故不用兵"，三人皆叹其言，以为明白而切中机事。时老苏谓二子曰"古人有此意否？"东坡对曰："严安亦有此意，但不如此明白。"老苏笑以为然。先生又云："前辈读书，例皆如此，故谓之学问，必见于用乃可贵，不然，即腐儒尔。"①

小小年纪，能自觉不做"腐儒"，读书能有如此识见，作诗能有如此佳构，自古以来实不多见。特别是这样小的年纪，对人性能有如此感悟，天资之高，令人惊叹。后来写《刑赏忠厚之至论》也才二十二岁，写系统全面的《进策》《策论》各二十五篇才二十六岁，雄才大略已可见一斑。

苏轼吸收先贤文化既深且广，这于他人格的形成与发展至关重要。他的思想观念的丰富多样，不但不只局限于儒家，也受到佛、老的牵引。就儒家而言，更是认真研读了先

---

① 孔凡礼.苏轼年谱：上[M].北京：中华书局，1998：24.

秦孔孟及几乎全部相关经典，并有多部相关专著。总之，他的文化视野比较开阔，加上勇于独立思考，敢于质疑已有的论断，这就促进了他的思想和人格绝不是凝固僵化的，而是能够不断攀登新的高地，走在别人的前面。我们考察、理解苏轼的思想、人格一定要尽量全面，不能死死盯住某一点或某一方面，而不顾及其他点、面，甚至遗漏或低估其他重要或主要的内容。例如，我们如果只看他表现人生消极的诗词文章，并就此作出结论，那肯定就有失客观公正。他的诗词里写人生如梦的句子不少：

> 清夜无尘，月色如银。酒斟时、须满十分。浮名浮利，虚苦劳神。叹隙中驹，石中火，梦中身。①
>
> 醒醉皆梦耳，未用议优劣。②
>
> 万事到头都是梦，休休。明日黄花蝶也愁。③
>
> 平生生死梦，三者无劣优。④

---

① 邹同庆，王宗堂.苏轼词编年校注：中册[M].北京：中华书局，2016：725.

② 苏轼撰，王文诰辑注，孔凡礼点校.苏轼诗集：第七册[M].北京：中华书局，1982：2307.

③ 邹同庆，王宗堂.苏轼词编年校注：上册[M].北京：中华书局，2016：331.

④ 同②2363.

　　休言万事转头空。未转头时皆梦。①

等等。他曾在给朋友的信中也写道：

　　已前者皆梦，已后者独非梦乎？②

但我们不能据此认定东坡的人生观就是消极的，我们既要看
到他消极的一面，也要关注他积极的一面，而这才是更主要
的一面。

　　关于苏轼的复杂、丰富、多样，林语堂的《苏东坡传》
有云：

　　倘若不嫌"民主"一词今日用得太俗滥的话，我们可以
说苏东坡是一个极讲民主精神的人，因为他与各行各业都有
来往，帝王、诗人、公卿、隐士、药师、酒馆主人、不识字的
农妇。他的至交是诗僧、无名的道士，还有比他更贫穷的
人。他也喜爱官宦的荣耀，可是每当他混迹人群之中而无人
认识他时，他却最为快乐。他为杭州、广州兴办水利，建立

① 邹同庆，王宗堂.苏轼词编年校注：中册[M].北京：中华书局，2016：533.
② 苏轼撰，茅维编，孔凡礼点校.苏轼文集：第四册[M].北京：中华书局，
　　1986：1540.

孤儿院与医院，创监狱医师制度，严禁杀婴。在王安石新法的社会改革所留下的恶果遗患之中，他只手全力从事救济饥荒，不惜与掣肘刁难的官场抗争。当时似乎是只有他一个人关心那千里荒旱，流离饿殍。他一直为百姓而抗拒朝廷，为宽免贫民的欠债而向朝廷恳求，必至成功而后已。他只求独行其是，一切付之悠悠。今天我们确实可以说，他是具有现代精神的古人。①

说得够全了吧？似乎未必。也许出乎大家意料的是，他"尝梦其身是僧"②，后来又认定自己的前生就是钱塘西湖寿星寺山僧，曾"谓参寥曰：'某生平未尝至此，而眼界所视，皆若素所经历者。自此上至忏堂，当有九十二级。'遣人数之，果如其言。即语参寥子曰：'某前身此山中僧也……'"③有时会自傲得像是吹牛："有笔头千字，胸中万卷，致君尧舜，此事何难！"他不止一次想自杀，并且自杀过。有时他也会拿自己的前途命运来赌一把："东坡在儋耳，谓子过曰：'吾尝告汝，我决不为海外人。近日颇觉有还中州气象。'乃涤砚索纸焚香曰：'果如吾言，写吾平生所作八赋，当不脱误

① 林语堂.苏东坡传[M].张振玉，译.长沙：湖南文艺出版社，2018：14.

② 孔凡礼.苏轼年谱：上[M].北京：中华书局，1998：16.

③ 何薳.春渚纪闻[M].北京：中华书局，1983：93.

一字。'既写毕，读之大喜曰：'吾归无疑矣！'后数日而廉州之命至。"①他富急智。东坡在御史狱，狱吏问云："《双桧》诗：'根到九泉无曲处，世间惟有蛰龙知'，有无讥讽？"答曰："王安石诗：'天下苍生待霖雨，不知龙向此中蟠。'此龙是也。"吏亦为之一笑。他不但接住了射过来的毒箭，而且回敬给了对方。②他记性惊人。"乌台诗案"中，李定曾参与审判苏轼，尝对人言："虽三十年所作文字诗句，引证经传，随问即答，无一字差舛，诚天下之奇才也！"③叹息不已。我们此处只是略举数例而已，挂一漏万是必然的。

若要问我：你最欣赏东坡的品质是什么？我的回答是他始终不变的对人真挚、深切的恻隐心、悲悯心、同情心，这是东坡人格最基本、最重要、最后起决定性作用的核心要素。恻隐心、悲悯心、同情心几乎可以说是人天生都有的，但也离不开后天家庭、环境、教育等的熏陶、启发、引导。一般地说，后天的教育虽不能无中生有，但却可以加强它或减弱它，或使之不断强化，并始终处于主导地位；有的人却会变得淡薄，甚至冷酷、残忍、丧尽天良。人的良知

---

① 何薳.春渚纪闻[M].北京：中华书局，1983：227.

② 胡仔.苕溪渔隐丛话：后集卷三十[M].北京：人民文学出版社，1962：223.

③ 同①62.

其实和人的恻隐心、悲悯心、同情心难解难分。难能可贵
的是，东坡不管自己处于何种境况，哪怕是在自身难保的
贬谪之中，或是身为高官、深受宠信的仕途得意之时，更不
问对方贫富贵贱，他总是自觉地把人当人，关心人、尊重
人、帮助人。

下面这篇《书雪》写于黄州，只有两句：

> 黄州今年大雪盈尺，吾方种麦东坡，得此，固我所喜。
> 但舍外无薪米者，亦为之耿耿不寐，悲夫。①

此时他已是被编管的对象，身份虽然还不是民，但在思想感
情上他此时已经开始融入于民。在《书雪》这篇短文中
"民""人"的界限已经变得模糊了。东坡自己在《读孟郊诗
二首》中说"诗从肺腑出，出辄愁肺腑"，《书雪》非诗，其
能动人则无异于诗也！同情从来都是由于人接触到某种客观
的情景、事物而自然生成的，它之所以珍贵，是因为绝不可
能是从外面强加的，不是认为理该如此而如此，而出自人的
天性或者说本心，不如此就会感到不安、愧疚甚至不可
饶恕。

---

① 苏轼撰，茅维编，孔凡礼点校.苏轼文集：第五册[M].北京：中华书局，
1986：2258.

《书雪》表现了一种特别真诚、清纯而浓郁的人情味，即能够设身处地、将心比心，自然而然生出对人的体谅、尊重、关爱，人与人之间因而变得温暖。我们中华民族特别讲究也特别珍惜这几乎无时不有无处不在的人情味。一个社会如果缺乏人情味，人与人之间的关系就会变得浇薄，甚至冷酷、残忍。我理解，人情味实际上就是"人味"，有无人味，无关贫富贵贱，有就有，无则无。它的表现，当然因人而异，因所在的环境、所受的教育、所处的关系等等因素的不同而不同，难以相提并论，但作为一种人文情怀却在本质上是完全一致的。

请看：

某启。今日忽有老人来访，姓徐名中，须发如雪，云七十六岁矣。示两颂，虽非奇特，亦有可观。孑然一身，寄食江湖间，自伤身世，潸然出涕，不知当死谁手？老夫自是白首流落之人，何暇哀生，然亦为之出涕也。和尚慈悲普救，何妨辍丛林一席之地，日与破一分粥饭，养此天穷之士，尽其天年，使不僵仆道路，岂非教法之本意乎？请相度一报如何？即令人制衣物去。此人虽不审其性行，然决是读书应举之人。垂死穷途之士，百念灰冷，必无为恶之理。幸望慈悯摄受，不罪！

不罪！①

东坡临钱塘日，有陈诉负绫绢钱二万不偿者，公呼至询之，云："某家以制扇为业，适父死，而又自今春已来，连雨天寒，所制不售，非故负之也。"公熟视久之，曰："姑取汝所制扇来，吾当为汝发市也。"须臾扇至，公取白团夹绢二十扇，就判笔作行书草圣及枯木竹石，顷刻而尽，即以付之，曰："出外速偿所负也。"其人抱扇泣谢而出，始逾府门，而好事者争以千钱取一扇，所持立尽；后空而不得者，至懊恨不胜而去。遂尽偿所逋。一郡称嗟，至有泣下者。②

"熟视久之"，东坡此时所考虑的，一定是怎么去帮他，而不是怎么去罚他，这就是人情味，判笔作书画以救人于困境，这是东坡人情味的特殊表现形式，成为千古佳话。此事别的书也有记载，应该比较真实可信。遇见这类事而生同情心，人多有之。下面的事可就难多了。东坡晚年北归后，章惇却倒霉了，请看下面东坡写给章惇儿子的复信：

① 苏轼撰，茅维编，孔凡礼点校.苏轼文集：第五册[M].北京：中华书局，1986：1892.

② 颜中其.苏东坡轶事汇编[M].长沙：岳麓书社，1984：173－174.

某与丞相定交四十余年，虽中间出处稍异，交情固无所增损也。闻其高年，寄迹海隅，此怀可知。但以往者，更说何益，惟论其未然者而已。主上至仁至信，草木豚鱼所知也。建中靖国之意，可恃以安。又海康风土不甚恶，寒热皆适中，舶到时，四方物多有，若昆仲先于闽客、广舟准备，备家常要用药百千去，自治之余，亦可以及邻里乡党。又丞相知养内外丹久矣，所以未成者，正坐大用故也。今兹闲放，正宜成此。然只可自内养丹。切不可服外物也。①

大家都知道，章惇在最得意时，背叛了他们之间曾经亲密深厚的友谊，以最狠辣的手段，欲置东坡于死地。现在其子来书，不言而喻，定为求助。但有的人宁肯帮助做过坏事的陌生人，也不愿宽容陷害过自己的原来的朋友。东坡由惠州再贬儋州传说是由于东坡写了"报道先生春睡美，道人轻打五更钟"而又引起章丞相新的嫉妒憎恨所致，本文并未采用此说，因为觉得证据未必可靠。不过东坡却彻底原谅了章惇，虽然帮不上更大的忙，但同情爱护的真心实意却透出于此复函的字里行间，让人感到分外暖心。

---

① 苏轼撰，茅维编，孔凡礼点校.苏轼文集：第四册[M].北京：中华书局，1986：1643.

所谓"人情味"，包罗甚广，但广度、深度却也因人而异。我们虽不能说王安石没有人情味，但比东坡又似差了一大截。请看东坡对他的批评："文字之衰，未有如今日者也。其源实出于王氏。王氏之文，未必不善也，而患在于好使人同己。自孔子不能使人同，颜渊之仁，子路之勇，不能以相移。而王氏欲以其学同天下！地之美者，同于生物，不同于所生。惟荒瘠斥卤之地，弥望皆黄茅白苇，此则王氏之同也。"①人情味的本质就是对人的体谅与尊重，而"好使人同己"，则是反其道而行之，特别是像丞相这样的大官，又特别是这样的大官还得到皇帝的特别宠信与支持，于是"弥望皆黄茅白苇"矣！

培根说得好："同情是一切道德中最高的美德。"②这一观念的赞同者众，如贝多芬也曾指出："除了仁慈以外，我不承认还有什么优越的标志。"③培根之所以认为同情是最高美德，是因为它能使人始终站在正义一边，并且由此而变得高尚、勇敢、坚定甚至强大，给人们带来温暖，给世界带来光明。同情本身一般还不能说就是高尚伟大，但它能使人变得

---

① 苏轼撰，茅维编，孔凡礼点校.苏轼文集：第四册[M].北京：中华书局，1986：1427.

② 培根.培根随笔集[M].敏芝，译.北京：团结出版社，2016：185.

③ 罗曼·罗兰.贝多芬传[M].傅雷，译.成都：四川人民出版社，2017：9.

高尚伟大。培根所说的"同情"，其实和我们的"仁"是相通甚至相同的，用孟子的话来说，就是"恻隐之心，羞恶之心，辞让之心，是非之心"。我以为，东坡所信所行念兹在兹者是源于自己心灵深处的"同情"，就是基于"同情"的"民为贵"这一伟大理念与实践，并能更进一步把民还原为人，因之自己也成为真正的"人"。

东坡去世前不久，曾有诗云"问汝平生功业，黄州、惠州、儋州"。因为在此三地，恰恰是他把自己融入民众，由臣而民而人并因之感到生命最充实的时期；在此三地，他都曾真诚地希望成为当地之民，在彼终老一生。几乎他一生的仕宦、贬谪经历，在劳苦大众的痛苦面前从来没有"退避"过。不管被动主动有意无意，他都在走向他们。

他的一生和政治纠缠在一起，此所谓政治，具体地说就是王安石变法所引起的政治斗争。决定于少年时的志向，苏轼必然会主动投入这一斗争。王安石变法之所以能够得到宋神宗的支持，是因为他们在变法的根本目的在于富国强兵这一点是一致的，而苏轼则以为政府的所有作为都应以爱民为出发点，这就使苏轼站在了王安石变法的对立面。在制科考试后不久苏轼又曾上《进策》二十五篇系列政论，爱民思想得到了更具体、系统、多角度的发挥：

夫圣人之于天下，所恃以为牢固不拔者，在乎天下之民可与为善，而不可与为恶也。①

再看《策别·决壅蔽》中的一段：

　　所贵乎朝廷清明而天下治平者，何也？天下不诉而无冤，不谒而得其所欲。此尧舜之盛也。其次不能无诉，诉而必见察；不能无谒，谒而必见省。使远方之贱吏，不知朝廷之高；而一介之小民，不识官府之难，而后天下治。

　　今夫一人之身，有一心两手而已。疾痛苛痒，动于百体之中，虽其甚微不足以为患，而手随至。夫手之至，岂其一一而听之心哉，心之所以素爱其身者深，而手之所以素听于心者熟，是故不待使令而卒然以自至。圣人之治天下，亦如此而已。百官之众，四海之广，使其关节脉理，相通为一。叩之而必闻，触之而必应。夫是以天下可使为一身。天子之贵，士民之贱，可使相爱。忧患可使同，缓急可使救。②

东坡的论述总是洋溢着真挚热切的感情，常在字里行间喷薄

---

① 苏轼撰，茅维编，孔凡礼点校.苏轼文集：第一册[M].北京：中华书局，
　　1986：253－254.

② 同①245－246.

而出。

如果说《刑赏忠厚之至论》的语言风格是他毕生文学创作的不懈追求，那么爱民忧民就更是他一生政治生涯的闪亮明灯！苏轼一生以他的从政实践、为人实践和文学实践为这一宣言提供了最动人最辉煌的注脚。

"爱民"其实是民作为被治对象的社会里提出来的，从本质上看，所谓"爱"其实只是"治"的一种方式而已。使民者与被使者的关系就是治与被治的关系，"节用""使民以时"就是"爱民"的具体内涵；但从与爱民相对应的"治"之另一种方式愚民、弱民、刻民、虐民、害民、贫民、仇民相比，它无疑又具有进步意义，所以《晏子春秋》有言，"意莫高于爱民，行莫厚于乐民"，"意莫下于刻民，行莫贱于害身"（内篇问下）。"爱民"之爱，主体是谁，爱的内涵、表现是和这个"谁"紧密相连相关的。爱的主体一般都是君与臣，其目的并不完全相同。就君而言，其目的就是江山永远由他的家族统治，代代相传；就臣而言，多半是为了作为日后升官之基的政绩，当然也有的主要出于为国为民的心愿。不能把两者完全对立起来，但不同的臣却可能会有不同的侧重与追求。苏轼认为，不管是君还是臣，无论出于什么目的，所有的政策或行政措施，都必须始终坚持爱民忧民这一根本原则和终极目的，任何情况下都不可背离。

于此，我们不能不提北宋当时比较宽松的社会环境。北宋从一开始就有不杀士大夫及上书言事之人等的所谓家法。相对宽容的科举制度也让中下层的读书人深受鼓舞。由于士大夫受到尊重，他们往往以天下为己任，负有"为天地立心，为生民立命，为往圣继绝学，为万世开太平"的历史使命，甚至要与皇帝共治天下。苏氏父子三人之所以能够相当顺利地在人数众多的士大夫群中脱颖而出，不能不说与这一时代背景关系极为密切，尤其是苏轼能够在"乌台诗案"中侥幸活下来，归根结底主要还是拜赵宋皇帝家法之所赐。

不过，苏轼的大胆敢言固然与当时的社会环境相关，但与苏轼同时的士大夫不愿、不敢言者也所在多是。由于苏轼建功立业的核心理念是为民，而非个人利益的盘算，他不愿、不能缄默不言，而且从来都不是只停留于口头、笔头，而是永远在他的心头不断发酵和提升，并不断付诸实际行动。当然，这是一个长期渐进的过程。苏轼从政之后，一开始就在努力实践先秦孔孟基于民本思想的君之为君、臣之为臣的基本要求，"视君如腹心"，为君着想，为君分忧，发现任何与君之为君者有何背离之处，总是直言进谏，不假辞色。熙宁四年他上书皇帝，表明了他温和渐进的改良立场，并坚决反对变法过激政策，提出"愿陛下结人心，厚风俗，存纪纲而已"。书长万言，兹摘出其中数小段，以初步了解苏轼的大致主张：

陛下诚欲富国，择三司官属与漕运使副，而陛下与二三大臣，孜孜讲求，磨以岁月，则积弊自去而人不知。但恐立志不坚，中道而废，孟子有言："其进锐者其退速。"若有始有卒，自可徐徐，十年之后，何事不立。①

青苗放钱，自昔有禁。今陛下始立成法，每岁常行，虽云不许抑配，而数世之后，暴君污吏，陛下能保之欤？异日天下恨之，国史记之曰，青苗钱自陛下始，岂不惜哉！②（其实等不到"数世之后"，当时就已充分暴露，因为放钱多寡往往直接关系到地方官吏的政绩，实际上也就是官位是否稳固，特别是能否升迁。）

夫国家之所以存亡者，在道德之浅深，不在乎强与弱，历数之所以长短者，在风俗之厚薄，不在乎富与贫。道德诚深，风俗诚厚，虽贫且弱，不害于长而存。道德诚浅，风俗诚薄，虽强且富，不救于短而亡。人主知此，则知所轻重矣。③（用今天的术语来说，一个国家的强弱最最根本的是

① 苏轼撰，茅维编，孔凡礼点校.苏轼文集：第二册[M].北京：中华书局，1986：731-732.

② 同①735.

③ 同①737.

国民的素质，甚或超过制度。）

历观秦、汉以及五代，谏诤而死，盖数百人。而自建隆（宋太祖赵匡胤在位期间的年号之一）以来，未尝罪一言者，纵有薄责，旋即超升，许以风闻，而无官长。风采所系，不问尊卑，言及乘舆，则天子改容，事关廊庙，则宰相待罪。故仁宗之世，议者讥宰相但奉行台谏风旨而已。圣人深意，流俗岂知。台谏固未必皆贤，所言亦未必皆是，然须养其锐气而借之重权者，岂徒然哉，将以折奸臣之萌，而救内重之弊也。（所说实际上就是政治文明。）①

假如神宗能采纳苏轼的主张，特别是真正落实"膏腴斯民"的宗旨，改革若干年后必有可观，党争也无由兴起，大宋也就无北南之分。可惜历史不好假设。这也就决定了苏轼一生从政道路的艰难坎坷。然而我们不必为此惋惜、遗憾，因为他从政生活的失败，却成就了他人格的发展与完善，并由此也成就了他的文学创作。

保守派因其"改革"而厌恶他，变法派因其"温和渐进"而要打倒他。加上不同派系的争斗日趋激烈，而其中有

---

① 苏轼撰，茅维编，孔凡礼点校.苏轼文集：第二册[M].北京：中华书局，1986：740.

的人品德也确实不好。苏轼的为人风义，一直以来得到人们广泛的赞许肯定。在他护送父亲灵柩回乡安葬期间，却竟有人诬告他沿途贩卖私盐，而为他清白申辩者却因此受到打击。司马光曾上章赞苏轼"敢言"："轼与文仲皆疏远小臣，乃敢不避陛下雷霆之威，安石虎狼之怒，上书对策指陈得失，隳官获谴，无所顾虑。"①为反对新法过于激进，置个人得失于度外，不讲情面，不遗余力，就是面对坚持新法的皇帝，也"敢不避陛下雷霆之威"，痛快淋漓地予以斥责，证明他并不把皇帝当作偶像来崇拜。《上神宗皇帝书》写道：

> 人莫不有所恃，人臣恃陛下之命，故能役使小民，恃陛下之法，故能胜服强暴。至于人主所恃者谁与？《书》曰："予临兆民，凛乎若朽索之驭六马。"言天下莫危于人主也。聚则为君民，散则为仇雠，聚散之间，不容毫厘。故天下归往谓之王，人各有心谓之独夫。由此观之，人主之所恃者，人心而已。②

实际上就是等于在说：你若固执己见，失去人心，你就是

---

① 孔凡礼.苏轼年谱：上[M].北京：中华书局，1998：197.

② 苏轼撰，茅维编，孔凡礼点校.苏轼文集：第二册[M].北京：中华书局，1986：729-730.

"独夫"！真是所谓吃了豹子胆也！苏轼基于爱民之心，对民众疾苦强烈同情，在相关的原则、事实前面，能够坚定地站在民众立场上，为民请命。如置三司条例司等，他认为："自古存亡之所寄者，四人而已，一曰民，二曰军，三曰吏，四曰士，此四人者一失其心，则足以生变。今陛下一举而兼犯之……而民始忧矣。"①"近者中外欢言，陛下已有悔悟意，道路相庆，如蒙大赍，实望陛下于旬日之间，涣发德音，洗荡乖僻，追还使者，而罢条例司。今者侧听所为，盖不过使监司体量抑配而已，比之未悟，所较几何。此孟子所谓知兄臂之不可紾，而姑劝以徐，知邻鸡之不可攘，而月取其一。帝王改过，岂如是哉？"②苏轼自己也知道如此"猖狂不逊，忤陛下多矣！"但他还是要这样写，觉得非如此不足以表达其"愤懑"之情，特别是非如此不足以惊醒皇帝。我坚信苏轼如此"猖狂不逊"的动机，是为了爱民，让皇帝在迷误中猛醒，改过从善。

鉴于两派斗争的日趋激化，特别是由于苏轼在文坛、政坛上威望很高，影响极大，几乎成为反对变法的标志性人物，变法派产生了必除之而后快的念头，这就有了元丰二年

① 苏轼撰，茅维编，孔凡礼点校.苏轼文集：第二册[M].北京：中华书局，1986：749.
② 同①.

的"乌台诗案"，苏轼差点丢掉性命。但他还是没有吸取教训，始终坚持自己为民的理念。后来，保守派的势头暂时压过变法派，司马光当政，此时苏轼又反对全盘废弃新法，我们若联系他当年因反对新法过于激进而被捕严审几判死刑，似乎他应当赞同拥护司马光才是，但在他心目中，没有丝毫个人恩怨，完全出于是否便民的考虑。自登州回京被任命为中枢高官后，苏轼曾为役法而与主持政局的司马光发生分歧。司马光主张废原先王安石的免役法而施行差役法，苏轼则认为："差役、免役，各有利害……此二害轻重，盖略相等，今以彼易此，民未必乐。"并根据自己熙宁间在密州推行其法的实践经验，觉得"民甚便之"①，实不必多此一举。总之，苏轼对差役、免役的态度完全取决于是否便民，但司马光怀有对新法的个人偏见，死活不予体察，硬是坚决拒绝，惹得东坡怒斥其为"司马牛！司马牛！"司马光因此则"有逐公意矣，会司马光病卒乃已"（《墓志铭》）。

元祐元年苏东坡在给朋友杨元素的信中说：

某近数章请郡，未允。数日来，杜门待命，期于必得耳。公必闻其略，盖为台谏所不容也。昔之君子，惟荆是

---

① 苏轼撰，茅维编，孔凡礼点校.苏轼文集：第二册[M].北京：中华书局，1986：791.

师。今之君子，惟温是随。所随不同，其为随一也。老弟与温相知至深，始终无间，然多不随耳。致此烦言，盖始于此。然进退得丧，齐之久矣，皆不足道。①

苏轼个人命运，元祐与元丰相比，可谓天壤之别。元丰远贬黄州监管，元祐一升再升成为中枢高官，一降一升，一失一得，明显之极，但他"齐之久矣，皆不足道"，总是拿定一个基于便民与否的"不随"之主心骨。熙宁元丰，不因皇帝主张变法而支持，反由于新法过于激进而坚决反对，虽因其部分可依而赞同；元祐当局全盘废弃新法，却仍旧坚持其有可依部分而坚决反对全盘废弃。他之所想所说所行，依据的不是个人进退得丧，而是国家百姓的需求，为此而不考虑高层甚或皇帝之所好恶，这一点他始终不变，此为东坡高尚处；而他由于同情百姓而融入他们之中，并从此出发最后走向由臣而民而人的道路，此为东坡伟大处。

我年轻时，一碰到王安石，马上就会想起列宁对他的评价：中国 11 世纪伟大的改革家。我所喜欢的苏东坡也主张改革，只不过是较为温和而已，特别是他对王安石的新法也有所肯定。我个人对王的个人品质也颇有欣赏的一面。当时我

---

① 苏轼撰，茅维编，孔凡礼点校.苏轼文集：第四册[M].北京：中华书局，1986：1655-1656.

正在教的中学语文课本选了王的《答司马谏议书》，印象不错，特别欣赏它最后一句："如君实责我以在位久，未能助上大有为，以膏泽斯民，则某知罪矣；如曰今日当一切不事事，守前所为而已，则非某之所敢知。"煞尾极其果断，可谓笔力千钧，至今还能背诵。这次回到苏东坡，才没几天，同时脑力、体力又都大不如前，读书效率极差，所见资料十分有限，但我总觉得王安石变法的主要问题就出在他在这封信里所说的所谓"膏泽斯民"未能达到目的，其实，它原本就是一句空话，即使他主观上并不反对，但主要目的却是在于膏泽皇帝的国库，绝非"斯民"。我至今记得，当年有一本研究王安石变法的书，打开扉页，就赫然写着一句话：变法为国库增加了多少收入！当时我心里就很疑惑：那么老百姓呢？现在终于逐渐明朗：实际上恰恰相反，王安石变法是和神宗达成默契的，其主要目的是进一步榨取斯民，以增加政府收入。"当一切不事事，守前所为"即可，以之形容司马光的主张，倒的确是没有冤枉他。我们似可概括为变法或者说改革的核心问题就是两个：一是改革的目的，到底是为民还是为君；二是改革的步伐，是要小步前进还是大步疾走。在这两个问题上，我认同苏轼的主张，赞赏他始终坚持不渝的态度，即使在贬谪中也不动摇。

于此，我们有必要来检视一下苏轼在"乌台诗案"中的表现，尤其是他对神宗的认识和态度，这于他思想的发展变化至关重要。由于他年轻时从凤翔调回京师以后，曾多次向神宗放言直陈自己和神宗相左的政见，态度之直白、言辞之激烈，令人瞠目结舌，但神宗并未怪罪于他，总是以礼相待。这就难免使他过分高估了神宗的英明大度，几乎忘记了神宗也有普遍人性的局限，特别是根本没有顾及神宗通过变法从而富国强兵的急迫心情，在到湖州任的谢表里几乎毫无顾忌地表露了对神宗未能采纳自己建议的不满和牢骚，给激进派递上了追杀自己的刀子。《湖州谢上表》云："法令具存，虽勤何补……知其愚不适时，难以追陪新进；察其老不生事，或能牧养小民。"①确实有牢骚，有怨气。

为了理解东坡的这种人格特征，下面且先举一例以见一斑。

"乌台诗案"侥幸逃过一死，出得狱来却又写道："却对酒杯浑似梦，试拈诗笔已如神。"活活画出急欲写诗、放言的神态。"乌台诗案"，历时百余日，而且每天都会触动心灵，感慨万千，时时都在不由自主地酝酿诗情，因而现在"试拈"诗笔，就像已经打开了闸门，再也阻拦不住了！自和诗共两首：

---

① 苏轼撰，茅维编，孔凡礼点校.苏轼文集：第二册[M].北京：中华书局，1986：654.

十二月二十八日，蒙恩责授检校水部员外郎

黄州团练副使，复用前韵二首

　　　其一

百日归期恰及春，余年乐事最关身。

出门便旋风吹面，走马联翩鹊噪人。

却对酒杯疑是梦，试拈诗笔已如神。

此灾何必深追咎，窃禄从来岂有因。

　　　其二

平生文字为吾累，此去声名不厌低。

塞上纵归他日马，城东不斗少年鸡。

休官彭泽贫无酒，隐几维摩病有妻。

堪笑睢阳老从事，为余投檄向江西。

（公自注：子由闻予下狱，乞以官爵赎予罪，贬筠州监酒。）①

当局明明是让他戴罪反省，而他却说："塞上纵归他日马，城东不斗少年鸡。"意思是即使将来有朝一日能够继续从政，也会一如既往，绝对不会和那些小人一样媚上邀宠。我们不应忘记，所和原作是狱中表示要彻底悔过之诗。"既作此诗

---

① 苏轼撰，王文诰辑注，孔凡礼点校.苏轼诗集：第三册[M].北京：中华书局，1982：1005-1006.

（出狱后的和作），私自骂曰：'犹不改也！'"①

再看原诗。由于我曾经认为狱中原作是苏轼人格的一个污点，特别是和熙宁初期《上神宗皇帝书》《再上皇帝书》相比，几乎判若两人所书。我们还是再把狱中原作拿出来仔细审视一番。

其一

圣主如天万物春，小臣愚暗自亡身。

百年未满先偿债，十口无归更累人。

是处青山可埋骨，他时夜雨独伤神。

与君今世为兄弟，更结来生未了因。

其二

柏台霜气夜凄凄，风动琅珰月向低。

梦绕云山心似鹿，魂惊汤火命如鸡。

眼中犀角真吾子，身后牛衣愧老妻。

百岁神游定何处，桐乡知葬浙江西。

（公自注：狱中闻杭、湖间民为余作解厄道场累月，故有此句。）②

---

① 颜中其.苏东坡轶事汇编[M].长沙：岳麓书社，1984：57.

② 苏轼撰，王文诰辑注，孔凡礼点校.苏轼诗集：第三册[M].北京：中华书局，1982：999-1000.

题目有的标《狱中寄子由》,《苏轼诗集》的题目是:"予以事系御史台狱,狱吏稍见侵,自度不能堪,死狱中,不得一别子由,故作二诗授狱卒梁成,以遗子由,二首。"

读之再三,我终于发现这两首诗在苏轼的全部诗作中非常特殊,因它们的写作具有策略性考虑,并非真的出于所谓绝命前诀别其弟的需要,恰恰相反,而是出于求生欲望的驱使。若死是主动的,就是自杀。苏轼在被捕后曾有自杀的打算甚至行为,然而此时的苏轼已经完全冷静下来,不但不想死,反而是要尽力设法活下去。写这两首诗难道和设法活下去有什么联系或关系?于此,前引颜中其编注的《苏东坡轶事汇编》一书,搜集了散见于《河南邵氏闻见后录》《孔氏谈苑》《耆旧续闻》《扪虱新话》《善诱文》等书的相关记述,其中似以《扪虱新话》较为详尽合理:

苏东坡元丰间逮诏狱,与其长子迈俱行。与之期送食惟菜与肉;有不测,则撤二物而送鱼,使伺外间以为候。迈谨守。逾月,忽粮尽,出谋于陈留,委其一亲戚代送,而忘语其约。亲戚偶以鲊送之,子瞻乃大骇,自知不免,因书云:"余以事系御史狱,狱吏稍见侵,自度不能堪,死狱中,不得一见吾子由。"乃作诗二首,授狱卒梁成,以遗子由。然狱吏不敢隐,遂以闻。神宗初固无杀意,见诗益动心;自是遂益从宽释,凡众请用深文者皆拒之。二

诗不载集中，今附于此……①

　　五字标题，虽然简洁，但《苏轼诗集》的长标题恰到好处地说明了自尽的缘由是"狱吏稍见侵，自度不能堪"。狱吏严词逼供甚至凌辱，一定有之，但狱卒中四川老乡梁成就对他很是照顾，我想其他狱吏即使只是看在梁成的面上，起码不会对他太过分。因此，似可断定"狱吏稍见侵"云云是多少要打点折扣的，并没有真正把他逼入绝境。再者，诗中所写似乎是毕命在即的情景，而从"自度不能堪"看来，自尽似乎又尚在考虑之中，而生死是人生大事，一般不大可能随便对待。诗的头两句低头颂圣、彻底认罪，当年我就觉得这有点过分糟蹋自己，不太像是东坡的作为。下面重点写的死后情景真的是悲凉凄惨，除非有刻骨仇恨者，任谁都可能产生恻隐之心。尤其是最后两句下面有个注："狱中闻杭、湖间民为余作解厄道场累月，故有此句。"诗句及注文实际上说的是他做地方官时如何受到百姓的拥戴，似乎都是为皇上量身定制的。后来似乎也确实收到预期的效果，博得了神宗的怜悯。——东坡决不是不知变通的书呆子！

　　林语堂的《苏东坡传》也认为这是一条计策：

---

①　颜中其.苏东坡轶事汇编[M].长沙：岳麓书社，1984：60-61.

那朋友送去熏鱼，苏东坡大惊。他心想事情已然恶化，大概凶多吉少了。他和狱卒商量，给弟弟写了两首诀别诗，措辞极为悲惨，说他一家十口全赖弟弟照顾，自己的孤魂野鬼独卧荒山听雨泣风号。他表示愿世世为手足。在诗里他又细心地表示以前皇恩浩荡，蒙受已多，无法感激图报，实在惭愧。又说这次别无可怨，只是自己之过。子由接到，感动万分，竟伏案而泣，狱卒随后把此诗携走。到后来苏东坡开释时，狱卒才将此诗退回，说他弟弟不肯收。我相信子由根本知道这条计，故意把诗交还狱卒。因为有这两首诗在狱卒手中，会有很大用处。因为狱卒按规矩必须把犯人写的片纸只字呈交监狱最高当局查阅。这个故事里说，苏东坡坚信这些诗会传到皇帝手中。结果正如他所预料，皇帝看了，十分感动。这就是何以苏东坡的案子虽有御史强大的压力，最后却判得很轻的缘故。①

原来也就是一场戏，并且是由苏东坡编剧并导演的。"圣主如天万物春，小臣愚暗自亡身"，原来不是苏东坡说的，而只是他饰演的一个角色的一句台词而已。演员的这句台词换来了苏东坡这条命，一个字：值！我原来的想法太简单，太幼稚，太陈腐，太不通人情了！——《麦田里的守望者》有

① 林语堂.苏东坡传[M].张振玉，译.长沙：湖南文艺出版社，2016：174-175.

云："一个不成熟的人的标志是他愿意为了某个理由而轰轰烈烈地死去，而一个成熟的人的标志是他愿意为了某个理由而谦恭地活下去。"①是的，东坡此时希望能够谦卑地活下去。

"乌台诗案"，以诗点火开始，以诗灭火结束，称之为"诗案"实在是太确切了。

不过，彻底解除我误会的，还是东坡自己。他刚一出狱，发配去黄州的路上，在陈季常家看到他家所藏的一幅画，刚刚死里逃生的东坡怎么也按捺不住对民之爱怜，对害民之恶的痛恨，写道：

> 我是朱陈旧使君，劝农曾入杏花村。
> 而今风物那堪画，县吏催租夜打门。②

东坡还是原来的东坡，东坡还是我们的东坡！

---

① 塞林格.麦田里的守望者[M].孙仲旭，译.南京：译林出版社，2014：247.

② 苏轼撰，王文诰辑注，孔凡礼点校.苏轼诗集：第四册[M].北京：中华书局，1982：1030－1031.

二、两条交叉的曲线

苏轼二十一岁、二十二岁两年，先后连着高中举人、进士，崭露头角。二十六岁参加制科考试，荣获极为难得的第三等，名动天下。先此，已从凤翔签判进入仕途，直到晚年贬官惠州、儋州，其间曾被捕入狱，也曾进入中枢，高高低低，起起落落，是一条十分显眼的典型曲线。与此同时，有一条内在的思想上的曲线，时有起伏进退，但总体上一直是向前、向上的。从中可以发现，仕途的低谷往往就是思想的高峰，"问汝平生功业，黄州、惠州、儋州"，可见消息。

1. 初露锋芒的起点

《刑赏忠厚之至论》是苏东坡参加进士考试的应试之作，也可以说是他的成名之作，苏轼的传记几乎本本提到，有的苏文选本却未选入，而选入者的解读一般都侧重于它遣词造句所体现出来的质朴自然的文章风格。这种文风当然值得重视，尤其是在当时的文坛背景下更显得难能可贵；但在我看来其意义和价值远不止于此。我以为它不啻作者初登文坛、政坛的一篇纲领性宣言！他为实践自己在这宣言中所提出的理念而付出了一生的努力。他一生从政的成就根源于此，他辉煌的文学创作达到了"质朴自然"的极致，与此篇中的理念，关系也十分密切。

作为一篇政论文，我认为它也是有瑕疵的。这就是其中一个论据出于"想当然"——即所引"皋陶曰'杀之三'，尧曰'宥之三'"，而作者却是作为事实摆出来用以佐证他的观点的，这起码并不可取，绝对不值得赞扬。但自当年文章流布至今，几乎无人不为之叹赏，包括让它名列前茅的欧阳修、梅圣俞。陆游《老学庵笔记》：

> 东坡先生《刑赏忠厚之至论》有云："皋陶为士，将杀人，皋陶曰：'杀之'三，尧曰：'宥之'三。"梅圣俞为小试官，得之，以示欧阳公。公曰："此出何书？"圣俞曰："何须出处！"公以为皆偶忘之，然亦大称叹。初欲以为魁，终以此不果。及揭榜，见东坡姓名，始谓圣俞曰："此郎必有所据，更恨吾辈不能记耳。"及谒谢，首问之，东坡亦对曰："何须出处。"乃与圣俞语合。①

主考官员本拟取为第一而后降为第二的原因，相关资料多数说是欧阳修疑此文为自己弟子曾巩所作，是为了避嫌，若如此，真是委屈苏轼了。此处陆游说是因这一典故无有出处之

---

① 颜中其.苏东坡轶事汇编[M].长沙：岳麓书社，1984：7.

故。不管究竟是何原因，此文"公赏其豪迈，太息不已"，几乎众口一词，看来人人认同，应该是事实无疑。

我并不以为写作议论文可以编造事实以为论据，但也不得不赞赏苏轼的想象力，"皋陶为士，将杀人，皋陶曰：'杀之'三，尧曰：'宥之'三"。确实把尧之忠厚之至描绘得非常到位，而想象力往往由于作者强烈情感的推动。于民之爱之忧，于古圣贤忠厚之至的赞赏，确实发自作者的肺腑，这是这篇文章能够获得近千年以来读者好评的根本原因。特别是文章第一句"尧、舜、禹、汤、文、武、成、康之际，何其爱民之深，忧民之切，而待天下以君子长者之道也"，有如黄河之水天上来，气势不凡！由于这是考试的命题作文，自由发挥的余地并不太大，而苏轼起笔就揭示了古圣贤能够做到刑赏忠厚之至的根本：爱民忧民，又出之以一个声情并茂的赞叹句，可谓先声夺人！约进士考试三年以后，苏轼又参加了秘阁考试，《礼以养人为本论》就是这次考试的论文题目。他仍然从三代说起：

三代之衰，至于今且数千岁，豪杰有意之主，博学多识之臣，不可以胜数矣，然而礼废乐坠，则相与咨嗟发愤而卒于无成者，何也？是非其才之不逮，学之不至，过于论之太详，畏之太甚也？夫礼之初，缘诸人情，因其所安者，而为之节文，凡人情之所安而有节者，举皆礼也，则是礼未始有定论也。然而不可以出于人情之所不安，则亦未始无定论也。执其无定以为定论，则涂之人皆可以为礼。①

苏东坡指出，礼本"缘诸人情"，"凡人情之所安而有节者，举皆礼也"，是苏东坡"民本"思想的又一次发挥。特别是"涂之人皆可以为礼"这八个字，说明东坡此时已经隐约意识到人人皆得为人这一观念。此文比之《刑赏忠厚之至论》豪迈或略有逊色，但质朴自然依旧。

嘉祐六年，东坡正式踏上仕途，开始在凤翔任判官。

关中自元昊叛命，人贫役重，岐下岁以南山木筏自渭入河，经底柱之险，衙前以破产者相继也。公遍问老校，曰："木筏之害本不至此，若河、渭未涨，操筏者以时进止，可无重费也。患其乘河、渭之暴多方害之耳。"公即修衙规，使衙前得自择水工，筏行无虞。乃言于府，使得系籍。自是衙前之害减半。（苏辙《亡兄子瞻端明墓志铭》）②

---

① 苏轼撰，茅维编，孔凡礼点校.苏轼文集：第一册[M].北京：中华书局，1986：49.

② 苏辙撰，陈宏天、高秀芳点校.苏辙集：第三册[M].北京：中华书局，1990：1118.

事情虽然并不太大，但其爱民之心却是同样值得珍惜的。同年，他在清理农民累积欠款的过程中，通过深入细致的调查了解，发现虽有少数人确实"侵盗欺官"，"然其间有甚足悲者。或管押竹木，风水之所漂；或主持粮斛，岁久之所坏；或布帛恶弱，估剥以为亏官；或糟滓溃烂，纽计以为实欠；或未输之赃，责于当时主典之吏；或败折之课，均于保任干系之家。官吏上下，举知其非辜，而哀其不幸，迫于条宪，势不得释，朝廷亦深知其无告也，是以每赦必及焉。凡今之所追呼鞭挞日夜不得休息者，皆更数赦，远者六七赦矣"①。其深层原因是，一些三司官员趁机勒索欠债人员，只要给他们好处费，立马免除债务。而真正被冤枉的穷苦人家因无钱贿赂则被长期关押。苏轼于是上书相关高层负责官员，终于免除了二百二十五家的债务。

嘉祐七年苏东坡有一首诗《十二月十四日，夜，微雪，明日早，往南溪小酌，至晚》写道："谁怜屋破眠无处，坐觉村饥语不嚣。"②相比之下，第二句尤佳，特别是其中的"觉"字，由"语不嚣"而觉"村饥"，此觉，不是任谁都会

① 苏轼撰，茅维编，孔凡礼点校.苏轼文集：第四册[M].北京：中华书局，1986：1405-1406.

② 苏轼撰，王文诰辑注，孔凡礼点校.苏轼诗集：第一册[M].北京：中华书局，1982：184.

有的，因为不是有声而觉，而是无声而觉，并由"觉"而知，所知者"村饥"也。再看诗题，其中"十二月十四日，夜，微雪，明日早……"完全可以略而写成"十二月十五日早"，但这样"村饥语不嚣"就没了来由，也由此可见，他头一天夜里，肯定因雪而想到雪中之饥民而难以入眠。此"觉"，实乃仁者之觉也，我们不禁联想起他在《刑赏忠厚之至论》中"何其爱民之深，忧民之切"，以之形容东坡自己其实也是恰如其分的。

这一时期，心中本来就潜伏着的归隐念头，又冒将出来，诗里写到归隐的不少，如"忆弟泪""望乡心"①，"隐居亦何乐，素志庶可求"②，"退居吾久念，长恐此心违"③，"谁使爱官轻去国，此身无计老渔樵"④，"何时归耕江上田，一夜心逐南飞鹄"⑤，"下视官爵如泥淤，嗟我何为久踟蹰"⑥，"身与时违合退耕"⑦，"君看麋鹿隐丰草，岂羡玉勒

① 苏轼撰，王文诰辑注，孔凡礼点校.苏轼诗集：第一册[M].北京：中华书局，1982：151.
② 同①164.
③ 同①166.
④ 同①168.
⑤ 同①176.
⑥ 同①181.
⑦ 同①191.

黄金鞴。人生何以易此乐，天下谁肯从我归"①，等等。

嘉祐八年苏轼调离凤翔回到京师。途中有一事值得一说。在他们一行经过华岳时，随行一兵忽发狂疾。有人说是岳神之怒所致。东坡因而去岳神庙中责曰："窃谓岳镇之重，所隶甚广，其间强有力富贵者，盖有公为奸慝，神不敢于彼示其威灵，而乃加怒于一卒，无乃不可乎！某小官，一人病则一事缺，愿恕之可乎？非某愚直，谅神不闻此言。"出庙，马前一旋风，突而出，忽作大风，震鼓天地，沙石警飞。公曰："神愈怒乎，吾弗畏也。"冒风即行，风愈大，惟趁公行李，而人马皆辟易，不可移足。或劝之曰："祷谢之。"公曰："祸福，天也。神怒即怒，吾行不止，其如予何！"已而风止，竟无别事。②

他胜利了！在鬼神面前，一如他在帝皇面前无所畏惧。

到京师成为京官后，他很快就卷入有关王安石变法的争论与争斗中。实际上这种争论与争斗，可以分为变法之利弊是非之争与借此为名不同派系利益之争，开始可能是前者为主，逐渐就变成派系利益之争，坚持变法与反对变法实际上往往都只变成借口而已。上文已经提到，苏轼始终是个温和

---

① 苏轼撰，王文诰辑注，孔凡礼点校.苏轼诗集：第一册[M].北京：中华书局，1982：199.

② 孔凡礼.苏轼年谱：上[M].北京：中华书局，1998：135.

渐进的改革派，温和渐进的改革是他始终没有动摇过的主张，并因而坚决反对王安石的激进新法，甚至比之为"毒药"：

> 臣又闻陛下以为此法且可试之三路。臣以为此法，譬之医者之用毒药，以人之死生，试其未效之方，三路之民，岂非陛下赤子，而可试以毒药乎！今日之政，小用则小败，大用则大败，若力行而不已，则亡乱随之。(《再上皇帝书》)①

在这政治斗争的中心，他凭着一片为国为民为君的赤诚之心，冲锋陷阵，毫无顾忌。英宗治平元年，还有"丈夫重出处，不退要当前"②的豪气，但到京不久就感到处境险恶，于是一再请求调任地方。

熙宁四年，他终于调任杭州通判，但心情似乎并不舒畅，常常念叨归隐。在赴杭途中，有《出都来陈，所乘船上有题小诗八首，不知何人有感于余心者，聊为和之》其三：

① 苏轼撰，茅维编，孔凡礼点校.苏轼文集：第二册[M].北京：中华书局，1986：749.

② 苏轼撰，王文诰辑注，孔凡礼点校.苏轼诗集：第一册[M].北京：中华书局，1982：215.

烟火动村落，晨光尚熹微。

田园处处好，渊明胡不归。①

十分明显，诗中渊明，其实就是东坡自己。其八：

我诗虽云拙，心平声韵和。

年来烦恼尽，古井无由波。②

看来，三四两句似都应从反面理解。张安道是当时有力的新
法反对派，因受到王安石排挤，辞归。东坡《送张安道赴南
都留台》结末云："出处良细事，从公当有时。"——出仕或
归隐，都是小事；如何对待新法才是最最重要的。《次韵柳子
玉过陈绝粮二首》之二："早岁便怀齐物志，微官敢有济时
心。"——典型的牢骚怨言。在润州《游金山寺》结句说：
"我谢江神岂得已，有田不归如江水。"③《自金山放船至焦
山》最后又说：

---

① 苏轼撰，王文诰辑注，孔凡礼点校.苏轼诗集：第一册[M].北京：中华书
局，1982：261.

② 同①263.

③ 苏轼撰，王文诰辑注，孔凡礼点校.苏轼诗集：第二册[M].北京：中华书
局，1982：308.

> 山林饥饿古亦有，无田不退宁非贪。
>
> 展禽虽未三见黜，叔夜自知七不堪。
>
> 行当投劾谢簪组，为我佳处留茅庵。①

诗中以两个历史人物表现自己的情感与态度。展禽即柳下惠，因生性耿直，曾接连三次受到黜免。叔夜即嵇康，他曾列出自己七个方面的习惯或毛病拒绝出仕。

一到杭州，知友文同就规劝他"北客若来休问事，西湖虽好莫吟诗"②。他哪里听得进去？《初到杭州寄子由二绝》其一云：

> 眼看时事力难任，贪恋君恩退未能。
>
> 迟钝终须投劾去，使君何日换聋丞。③

末句注者引《汉书·黄霸传》："许丞老，病聋，督邮白，欲逐之。霸曰：'许丞虽老，尚能拜起送迎，正颇重听，何伤？'""力难任"表面上说的是自己，实际上说的却是"时

---

① 苏轼撰，王文诰辑注，孔凡礼点校.苏轼诗集：第二册[M].北京：中华书局，1982：309-310.

② 颜中其.苏东坡轶事汇编[M].长沙：岳麓书社，1984：236.

③ 同①314.

事"不堪闻问。末句以劝告苏辙为名讥刺时事：你若要在官场立足，非得装聋作哑不可，只要能够拜起送迎就行。聋哑居然变成好事了，因可由此而自保！这首诗里为君的念头几已消失，个人牢骚占了上风。其二"圣明宽大许全身（王安石听信苏轼回乡奔丧途中贩卖私盐的诬告欲加惩处，但最终未能得逞），衰病摧颓自畏人"，实际上却是怨愤之言。

《戏子由》篇幅较长，几乎句句都有"骨头"，矛头主要对准神宗所支持的新法。试举数例以见一斑。"读书万卷不读律，致君尧舜知无术"，表面意思是由于不读律法，就没有办法致君尧舜；似乎是在提倡读书要读律，其他都在次要，甚至根本可以不读。而实际上苏轼认为治理天下首先应讲究人的道德和文化修养，如果只重律法，"致君尧舜"就是一句空话。一望而知，苏轼在这里是和王安石直接唱对台戏。"生平所惭今不耻，坐对疲氓重鞭棰"，"今不耻"，实际上是说"今无耻"。生平所惭者何？鞭打疲氓也。现在严刑峻法之下，疲氓犯罪者多而又多，只有以鞭棰来对付他们，实为苏轼爱民之心所不忍也。他在《上文侍中论榷盐书》中说："轼在余杭时，见两浙之民以犯盐得罪者，一岁至万七千人而莫能止。"又曾在《上韩丞相论灾伤手实书》中说："轼在钱塘，每执笔断犯盐者，未尝不流涕也。"①

《熙宁中，轼通守此郡。除夜，直都厅，囚系皆满，日暮不得返舍，因题一诗于壁，今二十年矣。衰病之余，复忝郡寄，再经除夜，庭事萧然，三圄皆空。盖同僚之力，非拙朽所致，因和前篇呈公济、子侔二通守》一诗写道：

> 除日当早归，官事乃见留。
>
> 执笔对之泣，哀此系中囚。
>
> 小人营糇粮，堕网不知羞。
>
> 我亦恋薄禄，因循失归休。
>
> 不须论贤愚，均是为食谋。
>
> 谁能暂纵遣，闵默愧前修。②

这首诗，最感动我的还不是他对"小人"的同情，而是高坐在审判官位置的"我"，能和处在被审位置的囚，将心比心，"均是为食谋"，发现实际上原来没有什么高下之分。这已经开始趋向"平等"的观念。了解他的人几乎都能感受到苏轼

---

① 苏轼撰，茅维编，孔凡礼点校.苏轼文集：第四册[M].北京：中华书局，1986：1397 - 1400.

② 苏轼撰，王文诰辑注，孔凡礼点校.苏轼诗集：第五册[M].北京：中华书局，1982：1723 - 1724.

确有"委曲救时弊、恤斯民之心"①。由此，我联想起他作于熙宁五年的《吉祥寺赏牡丹》：

> 人老簪花不自羞，花应羞上老人头。
>
> 醉归扶路人应笑，十里珠帘半上钩。②

前者写"哀"，写与民同忧；此则写乐，是苏诗中的名作。《牡丹记叙》云：

> 熙宁五年三月二十三日，余从太守沈公观花于吉祥寺僧守璘之圃。圃中花千本，其品以百数。酒酣乐作，州人大集，金盘彩篮以献于坐者，五十有三人。饮酒乐甚，素不饮者皆醉。自舆台皂隶皆插花以从，观者数万人。明日，公出所集《牡丹记》十卷以示客，凡牡丹之见于传记与栽植培养剥治之方，古今咏歌诗赋，下至怪奇小说皆在。余既观花之极盛，与州人共游之乐，又得观此书之精究博备，以为三者皆可纪，而公又求余文以冠于篇。③

---

① 孔凡礼.苏轼年谱：上[M].北京：中华书局，1998：270.

② 苏轼撰，王文诰辑注，孔凡礼点校.苏轼诗集：第二册[M].北京：中华书局，1982：331.

③ 苏轼撰，茅维编，孔凡礼点校.苏轼文集：第一册[M].北京：中华书局，1986：329.

写的是与民同乐，包括本被看作低人一等的"舆台皂隶"在内。可是苦多乐少。熙宁五年，吴中苦雨，作《吴中田妇叹》，矛头直指"满朝龚黄（原指汉代著名循吏龚遂与黄霸，此处作者借以讽刺当时强推新法的所谓'好官'）"：

> 今年粳稻熟苦迟，庶见霜风来几时。
>
> 霜风来时雨如泻，杷头出菌镰生衣。
>
> 眼枯泪尽雨不尽，忍见黄穗卧青泥。
>
> 茅苫一月陇上宿，天晴获稻随车归。
>
> 汗流肩赪载入市，价贱乞与如糠粞。
>
> 卖牛纳税拆屋炊，虑浅不及明年饥。
>
> 官今要钱不要米，西北万里招羌儿。
>
> 龚黄满朝人更苦，不如却作河伯妇。①

《无锡道中赋水车》，想象出奇，发自对老农由衷的同情：

> 翻翻联联衔尾鸦，荦荦确确蜕骨蛇。
>
> 分畴翠浪走云阵，刺水绿针抽稻芽。
>
> 洞庭五月欲飞沙，鼍鸣窟中如打衙。

---

① 苏轼撰，王文诰辑注，孔凡礼点校.苏轼诗集：第二册[M].北京：中华书局，1982：404.

天公不见老翁泣，唤取阿香推雷车。①

作于熙宁六年的《山村五绝》是这一时期重要的作品：

其一

竹篱茅屋趁溪斜，春入山村处处花。

无象太平还有象，孤烟起处是人家。

其二

烟雨蒙蒙鸡犬声，有生何处不安生。

但令黄犊无人佩，布谷何劳也劝耕。

其三

老翁七十自腰镰，惭愧春山笋蕨甜。

岂是闻韶解忘味，迩来三月食无盐。

其四

杖藜裹饭去匆匆，过眼青钱转手空。

赢得儿童语音好，一年强半在城中。

---

① 苏轼撰，王文诰辑注，孔凡礼点校.苏轼诗集：第二册[M].北京：中华书局，1982：558.

其五

窃禄忘归我自羞，丰年底事汝忧愁。

不须更待飞鸢堕，方念平生马少游。①

平心而论，这五首在苏诗中都不算佳作，属中等吧。我查了七种苏诗选本，发现有三种不同的选法：未选者三种，全选者两种，让人觉得颇有意思的是人民文学出版社和上海古籍出版社出版的都只选了五首中二、三、四这三首，一望而知，内容都是讽刺新法的，编选者可能是着眼于内容的一致性和反映民间疾苦的思想性。由此我想到这五首诗之间的关系。我最初的发现只是第五首"丰年"一词和第一首的联系；但王文诰的按语又说："'还有象'亦带讽意，却以下句瞒过上句。如着意写炊烟，上句必不如是设想。"随即从《旧唐书·牛僧孺传》查阅了"太平无象"的典源："一日，延英对宰相，文宗曰：'天下何由太平，卿等有意于此乎？'僧孺奏曰：'臣等待罪辅弼，无能康济，然臣思太平亦无象。今四夷不至交侵，百姓不至流散；上无淫虐，下无怨讟；私室无强家，公议无壅滞。虽未及至理，亦谓小康。陛下若别求太平，非臣等所及。'"据此，似可断定王文诰的想法确实未必

① 苏轼撰，王文诰辑注，孔凡礼点校.苏轼诗集：第二册[M].北京：中华书局，1982：437-439.

合于此诗脉络。于是《山村五首》便呈现了它们之间内在的深层联系:第一首写苏轼所见的山村太平景象,寄寓了自己对变法稳妥渐进前景的想象;第二、第三、第四首揭露了目前过激政策给百姓所带来的祸害;第五首抒写了由于自己稳妥渐进的改良原则不为所用的愁闷,表现了对及时归隐的向往。飞鸢堕水的故事见《后汉书·马援传》。东汉开国功臣马援回顾自己在极其艰苦的军旅生活中,"下潦上雾,毒气熏蒸",仰视天上飞鸢堕落水中的样子,不禁回忆起当年堂弟曾劝他"衣食足用,称善乡里,斯可矣",感慨万千。总之这五首诗作为组诗看来确实还是有内在联系的。

查朋九万《东坡乌台诗案》,其中无论是《监察御史里行舒亶札子》,还是东坡自己的《供状》,五首的中间三首全是重点内容。令人不胜慨叹的是,由于不听朋友类似马少游的劝告,他后来真的遭了灾难,甚至差点丢了性命。

东坡通判杭州期间,曾督开运盐河,作《汤村开运盐河雨中督役》:

> 居官不任事,萧散羡长卿。
>
> 胡不归去来,滞留愧渊明。
>
> 盐事星火急,谁能恤农耕。
>
> 薨薨晓鼓动,万指罗沟坑。
>
> 天雨助官政,泫然淋衣缨。

人如鸭与猪，投泥相溅惊。

下马荒堤上，四顾但湖泓。

线路不容足，又与牛羊争。

归田虽贱辱，岂失泥中行。

寄语故山友，慎毋厌藜羹。①

特别值得注意的是"天雨助官政"之"助"字，对新法盐政的怨愤，对开河民工的同情，全都从中喷涌而出；归田的愿望也显得更加急切。再如《雨中游天竺灵感观音院》：

蚕欲老，麦半黄，前山后山雨浪浪。

农夫辍耒女废筐，白衣仙人在高堂。②

此外，还有《往富阳新城，李节推先行，留风水洞见待》因语涉讪谤也被政敌们注意到了。

我们若联系东坡在这一时期的其他诗作，如《新城道中二首》（其二早就有研究者认为是友人的和作，兹不录）：

---

① 苏轼撰，王文诰辑注，孔凡礼点校.苏轼诗集：第二册[M].北京：中华书局，1982：389.

② 同①337.

东风知我欲山行，吹断檐间积雨声。

岭上晴云披絮帽，树头初日挂铜钲。

野桃含笑竹篱短，溪柳自摇沙水清。

西崦人家应最乐，煮芹烧笋饷春耕。①

农村一片春耕的欢乐景象和自己内心的无比高兴，跃然纸上。脍炙人口的《六月二十七日望湖楼醉书五绝》《望海楼晚景》《饮湖上初晴后雨二首》《有美堂暴雨》《八月十五看湖五绝》《陌上花三首》等一流杰作也都写于这一时期，可见他对杭州特别是对西湖的爱，甚至远超对自己家乡的爱。不过，即使就在歌吟山水的诗篇里，有时仍然会流露出对政治的关心和留恋。比较典型的是《六月二十七日望湖楼醉书五绝》的后三首②：

其三

乌菱白芡不论钱，乱系青菰裹绿盘。

忽忆尝新会灵观，滞留江海得加餐。

① 苏轼撰，王文诰辑注，孔凡礼点校.苏轼诗集：第二册[M].北京：中华书局，1982：436-437.

② 同①340-341.

其四

献花游女木兰桡，细雨斜风湿翠翘。

无限芳洲生杜若，吴儿不识楚辞招。

其五

未成小隐聊中隐，可得长闲胜暂闲。

我本无家更安往，故乡无此好湖山。

在如此美景美食前，怎么会忽忆在京师尝新的会灵观？又怎么会产生"滞留江海"这样的感觉？"滞留"一词在此处值得细细品味，特别是"滞留江海"又怎么会成为"得加餐"的理由？我觉得他心底里还在念想京师、朝廷、皇帝，他甚至还梦见神宗召见。"在杭，尝梦神宗召入禁中，作《靴铭》并赋裙带。"①《书梦中靴铭》：

　　轼倅武林日，梦神宗召入禁中，宫女围侍，一红衣女童，捧红靴一只，命轼铭之。觉而忘之，记其一联云："寒女之丝，铢积寸累。天步所临，云蒸雾起。"既毕，进御，上极叹其敏，使宫女送出，睐视裙带间，有六言诗一首云："百叠漪漪水皱，六珠縰縰云轻。直立含风广殿，微

---

①　孔凡礼.苏轼年谱：上[M].北京：中华书局，1998：287.

闻环佩摇声。"①

心底怀想，醒时难免就有不少宣泄心头牢骚的诗作。第四、
第五两首隐约间也有类似味道。再如《秀州报本禅院乡僧文
长老方丈》：

> 万里家山一梦中，吴音渐已变儿童。
>
> 每逢蜀叟谈终日，便觉峨眉翠扫空。
>
> 师已忘言真有道，我除搜句百无功。
>
> 明年采药天台去，更欲题诗满浙东。②

"我除搜句百无功"，可见"搜句"之功，并不是他特意追求
的，透露出了万般无奈的心情，在他心底，写诗远不如他实
现自己的政治主张重要，似乎印证了我们开头部分写的"诗
人"这一评价于他以为是错位的可能。末句"更欲题诗满浙
东"，承上句"搜句"而来，看似欢欣雀跃，其实只是进一步
反映出了他的消沉和伤感。与《和欧阳少师寄赵少师次韵》

---

① 苏轼撰，茅维编，孔凡礼点校.苏轼文集：第五册［M］.北京：中华书局，
   1986：2081.

② 苏轼撰，王文诰辑注，孔凡礼点校.苏轼诗集：第二册［M］.北京：中华书
   局，1982：412.

"何日扬雄一廛足，却追范蠡五湖中"相对照，后者只是写得更加直白而已，表现的却是同样的感情。他的诗人天性决定他想说就说，想写就写，常常总是跟着感觉走，见好说好，见坏说坏，几乎从无什么写作后果的世俗考量。他的诗文往往就是这样嬉笑怒骂，直抒胸臆，毫不避忌，这从客观看，无异于慷慨大方地为反对派提供、积累自己的罪证，而实际上表现在诗篇的思想感情异常丰富复杂，不仅仅是一个王安石变法反对派的形象。

熙宁七年，东坡移知密州。值得一提的是，杭州"吏民畏爱，及罢去，犹谓之学士而不言姓"（苏辙《亡兄子瞻端明墓志铭》）。在赴密州途中，有《沁园春·赴密州早行马上寄子由》：

孤馆灯青，野店鸡号，旅枕梦残。渐月华收练，晨霜耿耿，云山摘锦，朝露溥溥。世路无穷，劳生有限，似此区区长鲜欢。微吟罢，凭征鞍无语，往事千端。　当时共客长安。似二陆、初来俱少年。有笔头千字，胸中万卷，致君尧舜，此事何难。用舍由时，行藏在我，袖手何妨闲处看。身长健，但优游卒岁，且斗尊前。①

---

① 邹同庆，王宗堂.苏轼词编年校注：上册[M].北京：中华书局，2016：134 - 135.

他有"致君尧舜，此事何难"的充分自信，但"用舍由时"，
岂能由己！于是只能"袖手何妨闲处看"——这是他早期诗
词中的主旋律之一。但牢骚归牢骚，他在行动中总是勤政爱
民，忠于职守。他到密州后很快发现蝗灾严重危害百姓，即
呈《上韩丞相论灾伤手实书》：

　　轼到郡二十余日矣。民物椎鲁，过客稀少，真愚拙所宜久处
也。然灾伤之余，民既病矣。自入境，见民以蒿蔓裹蝗虫而瘗之
道左，累累相望者，二百余里，捕杀之数，闻于官者几三万斛。
然吏皆言蝗不为灾，甚者或言为民除草。使蝗果为民除草，民将
祝而来之，岂忍杀乎？轼近在钱塘，见飞蝗自西北来，声乱浙江
之涛，上翳日月，下掩草木，遇其所落，弥望萧然。此京东余波
及淮浙者耳，而京东独言蝗不为灾，将以谁欺乎？郡已上章详论
之矣。愿公少信其言，特与量蠲秋税，或与倚阁青苗钱。疏远小
臣，腰领不足以荐铁钺，岂敢以非灾之蝗上罔朝廷乎？若必不
信，方且重复检按，则饥羸之民，索之于沟壑间矣。且民非独病
旱蝗也。方田均税之患，行道之人举知之。税之不均也久矣，然
而民安其旧，无所归怨。今乃用一切之法，成于期月之间，夺甲
与乙，其不均又甚于昔者，而民之怨始有所归矣。①

①　苏轼撰，茅维编，孔凡礼点校.苏轼文集：第四册［M］.北京：中华书局，
　　1986：1395－1396.

除请求因蝗灾减免赋税，同时还连带到"方田均税之患"，明显又在批当局的逆鳞。他为官从政，总是以百姓的利益置于最高位置。差不多写于同时的《论河北京东盗贼状》又由密州扩及河北京东，令见者不能不首肯。此状他自己说是"越职献言，不敢自外"①。这"不敢自外"四字，意味深长，可见他担心可能被误会的忠诚，亦可见他自己不里不外的尴尬。

无奈"袖手"的心情，延续于他的诗作。如《怀西湖寄晁美叔同年》云："嗟我本狂直，早为世所捐。独专山水乐，付与宁非天。"②看来心情压抑，实源于大志难展的苦闷。此联系《祭常山回小猎》便可探得究竟：

青盖前头点皂旗，黄茅冈下出长围。

弄风骄马跑空立，趁兔苍鹰掠地飞。

回望白云生翠巘，归来红叶满征衣。

圣明若用西凉簿，白羽犹能效一挥。③

---

① 苏轼撰，茅维编，孔凡礼点校.苏轼文集：第二册[M].北京：中华书局，1986：757.

② 苏轼撰，王文诰辑注，孔凡礼点校.苏轼诗集：第二册[M].北京：中华书局，1982：644.

③ 同②647-648.

呼吁朝廷见用愿望之迫切，跃然纸上。但实际上只能和友人"且待渊明赋归去，共将诗酒趁流年"①。

与诗句的感慨形成突出对比的是，只要见到百姓的苦难，他又忘我地尽力救助。他在给友人的信中说："轼向在密州，遇饥年，民多弃子，因盘量劝诱米，得出剩数百石别储之，专以收养弃儿，月给六斗。比期年，养者与儿，皆有父母之爱，遂不失所，所活亦数千人。"②可谓功德无量。他在给朋友鲜于子骏的信中说："某到郡正一年，诸况粗遣，岁凶民贫，力所无如之何者多矣。然在己者未尝敢行所愧也，如此而已。"③其实，"未尝敢行所愧"是东坡一生待人做事行政的底线，已然是一种极高的境界。

东坡离开密州后，密人"为肖东坡苏公像于城西彭氏之圃，郡人岁时相率拜谒"。《再过超然台赠太守霍翔》回忆道："山中儿童拍手笑，问我西去何当还。"④由"还"，我们可以想见东坡在密时和他们相处时的亲密。

---

① 苏轼撰，王文诰辑注，孔凡礼点校.苏轼诗集：第三册[M].北京：中华书局，1982：685.

② 苏轼撰，茅维编，孔凡礼点校.苏轼文集：第四册[M].北京：中华书局，1986：1417－1418.

③ 同②1559.

④ 苏轼撰，王文诰辑注，孔凡礼点校.苏轼诗集：第五册[M].北京：中华书局，1982：1381－1382.

熙宁九年（1076）将年底时东坡离密。次年（1077），有
《除夜大雪，留潍州，元日早晴，遂行，中途雪复作》
（节录）：

> 三年东方旱，逃户连欹栋。
>
> 老农释耒叹，泪入饥肠痛。
>
> 春雪虽云晚，春麦犹可种。
>
> 敢怨行役劳，助尔歌饭瓮。[①]

此诗作于正月初一，我们从中读出来的决不是"臣"对
"民"的警告，而是他对老农的安慰。由于春雪是丰年之
兆，谚有"备饭瓮"之说，故有结尾两句。这种口吻不是装
得出来的，要装也装不像；完全发自诗人的肺腑。

四月到徐州任。九月徐州洪灾，水穿城下，深凡二丈八
尺九寸。苏辙《亡兄子瞻端明墓志铭》：

> 是时河决曹村……城将败，富民争出避水。公曰："富民
> 若出，民心动摇，吾谁与守？吾在是，水决不能败城。"驱使
> 复入。公履屦杖策，亲入武卫营，呼其卒长，谓之曰："河将害

---

① 苏轼撰，王文诰辑注，孔凡礼点校.苏轼诗集：第三册[M].北京：中华书
　局，1982：713-714.

城，事急矣，虽禁军宜为我尽力。"卒长呼曰："太守犹不避涂
潦，吾侪小人，效命之秋也。"执梃入火伍中，率其徒短衣徒
跣持畚锸以出。筑东南长堤，首起戏马台，尾属于城。堤成，水
至堤下，害不及城，民心乃安。然雨日夜不止，河势益暴，城不
沉者三板。公庐于城上，过家不入，使官吏分堵而守，卒完城以
闻。复请调来岁夫增筑故城，为木岸，以虞水之再至。①

"过家不入"，让人想起大禹。无论如何，他这种不顾个人生
命安危奋力抗洪的事迹，殊为难得。但他自己却并不以此居
功，《罢徐州，往南京，马上走笔寄子由五首》其二：

> 父老何自来，花枝袅长红。
>
> 洗盏拜马前，请寿使君公。
>
> 前年无使君，龟鳖化儿童。
>
> 举鞭谢父老，正坐使君穷。
>
> 穷人命分恶，所向招灾凶。
>
> 水来非吾过，去亦非吾功。②

---

① 苏辙撰，陈宏天、高秀芳点校.苏辙集：第三册[M].北京：中华书局，1990：
1119-1120.

② 苏轼撰，王文诰辑注，孔凡礼点校.苏轼诗集：第三册[M].北京：中华书
局，1982：936-937.

在他心里最念念难忘的还是"民",《徐州贺改元表》（当局将改熙宁为元丰）说："切以为政急于爱民，改元所以表信。非有年无以致家给人足，非盛德无以贻时和岁丰。"①

因防洪有功，朝廷曾予嘉奖。他在谢表中说："臣敢不躬亲畚筑，益修今岁之防；安集流亡，尽复平时之业。"②有友人"以寒食日至徐，公方出，督城工于外"（《寒食日答李公择三绝次韵》王文诰按语）③。

为防黄河水侵徐城，曾申奏请修石城，未获批准，乃改请木岸，"虽非经久必安之策，然亦足以支持岁月，待河流之复道"，终得同意，随即动工。

在徐州期间，曾在境内访获煤矿，作《石炭》：

石炭（并引）

彭城旧无石炭。元丰元年十二月，始遣人访获于州之西南白土镇之北，以冶铁作兵，犀利胜常云。

君不见前年雨雪行人断，城中居民风裂骭。

---

① 苏轼撰，茅维编，孔凡礼点校.苏轼文集：第二册［M］.北京：中华书局，1986：720.

② 同①653.

③ 苏轼撰，王文诰辑注，孔凡礼点校.苏轼诗集：第三册［M］.北京：中华书局，1982：802.

湿薪半束抱衾裯，日暮敲门无处换。

岂料山中有遗宝，磊落如磐万车炭。

流膏迸液无人知，阵阵腥风自吹散。

根苗一发浩无际，万人鼓舞千人看。

投泥泼水愈光明，烁玉流金见精悍。

南山栗林渐可息，北山顽矿何劳锻。

为君铸作百炼刀，要斩长鲸为万段。①

发现石炭，若只就煤说煤，难有佳作；东坡却着眼于民生，欢欣鼓舞，情不自禁。元丰元年春，徐州旱，东坡祷雨，既应，道中作《浣溪沙·徐州藏春阁园中》：

惭愧今年二麦丰，千歧细浪舞晴空。化工余力染夭红。

归去山翁应倒载，阑街拍手笑儿童。甚时名作锦薰笼。②

又，《浣溪沙·徐门石潭谢雨，道上作五首》③：

① 苏轼撰，王文诰辑注，孔凡礼点校.苏轼诗集：第三册[M].北京：中华书局，1982：902-903.

② 邹同庆，王宗堂.苏轼词编年校注：上册[M].北京：中华书局，2016：228.

③ 同②230-237.

其一

照日深红暖见鱼，连村绿暗晚藏乌，黄童白叟聚睢盱。

麇鹿逢人虽未惯，猿猱闻鼓不须呼。归家说与采桑姑。

其二

旋抹红妆看使君。三三五五棘篱门。相挨踏破茜罗裙。

老幼扶携收麦社。乌鸢翔舞赛神村。道逢醉叟卧黄昏。

其三

麻叶层层苘叶光。谁家煮茧一村香。隔篱娇语络丝娘。

垂白杖藜抬醉眼，捋青捣麨软饥肠。问言豆叶几时黄。

其四

簌簌衣巾落枣花，村南村北响缫车，牛衣古柳卖黄瓜。

酒困路长惟欲睡，日高人渴漫思茶。敲门试问野人家。

其五

软草平莎过雨新，轻沙走马路无尘。何时收拾耦耕身？

日暖桑麻光似泼，风来蒿艾气如薰。使君元是此中人。

这组词作有两点值得特别注意。一是对农民久旱得雨欢乐
情景的描写异常真切生动，如"千畦细浪舞晴空"之

"舞","垂白杖藜抬醉眼，捋青捣麨软饥肠"之"抬、软"，"软草平莎过雨新"之"平、新"，"日暖桑麻光似泼"之"泼"，等等，都能够用农民的眼睛、耳朵去看、去听，用农民的心情去感受，决不是书生坐在书房里想得出来的，呼应了末首的"使君元是此中人"。二是虽然也写了归田的心愿，但不是源于其他作品中常见的牢骚，而是出自对乡村生活的向往。

元丰二年（1079），上状乞医疗病囚。指出："囚以掠笞死者法甚重，惟病死者无法，官吏上下莫有任其责者。苟以时言上，检视无他，故虽累百人不坐。其饮食失时，药不当病而死者，何可胜数。若本罪应死，犹不足深哀，其以轻罪系而死者，与杀之何异。"①苏轼的基本理念就是：狱囚也是人，必须认真对待。但问题由来已久，积弊甚深。他通过反复调查研究，深入思考分析，提出了一整套切实可行的解决办法。当今有法学家认为，苏轼此状在法学史上颇具价值。不过，我们最珍视的还是苏轼的人权思想和人道观念。

---

① 苏轼撰，茅维编，孔凡礼点校.苏轼文集：第二册[M].北京：中华书局，1986：764.

2. 下狱，贬黄州

就在这一年（1079），苏轼调任湖州。

苏轼自嘉祐二年（1057）应试高中进入政坛迄今已二十二年，检视他这段时间的经历，我们完全有充分的理由肯定，苏轼是个忠臣、贤臣、良臣、能臣、功臣，而他由于爱民这一基本理念的反王安石变法过于激进的立场及他所具有的巨大社会影响力，终于招来变法派的仇视，引起神宗的不满，被捕入狱。但他也由此开始了思想上由"臣"而"民"的转变。

元丰二年四月，他到湖州任知州。

他在去湖州的路上，怎么也没有意识到他其实是在走向一场生死攸关的灾难。晁端彦字美叔，河南濮阳人，与苏轼是同年，并成为好友。他说：

> 东坡性不忍事。尝云："如食中有蝇，吐之乃已。"晁美叔每见，以此为言。坡云："某被昭陵擢在贤科，一时魁旧往往为知己，上赐对便殿，有所开陈，悉蒙嘉纳。已而章疏屡上，虽甚剀切，亦终不怒。使某不言，谁当言者？某之所

虑，不过恐朝廷杀我耳。"美叔默然。坡浩叹久之，曰："朝廷若果见杀我，微命亦何足惜？只是有一事，杀了我，没好了你。"遂相与大笑而起。①

此处"上"指神宗，所说"赐对便殿，有所开陈，悉蒙嘉纳。已而章疏屡上，虽甚剀切，亦终不怒"，应该也是事实，因而觉得神宗应该是个明君，决不可能因言治罪，尤其是绝无可能因言杀人。——上文提到过的关于宋朝开国皇帝原有不以言论杀戮臣子的家规，对此苏轼想必也深信不疑。直至见到朝廷派来的官员气势汹汹杀气腾腾"顾盼狞恶"（《孔氏谈苑》）的样子，虽然他已早一步得到驸马都尉王诜冒极大风险通过苏辙所传递的消息，但所谓消息估计也只是朝廷要逮捕他而已，不可能有更具体的内容，苏轼还是慌了手脚，不知所措：

（御史台差官、太常博士皇甫）僎径入州厅，具靴袍秉笏立庭下，二台卒夹侍，白衣青巾，顾盼狞恶，人心汹汹不可测。轼恐，不敢出，谋之无颇。无颇云："事至此，无可奈何，须出见之。"轼议所以为服，自以当得罪，不可以朝服。无颇云："未知罪名，当以朝服见也。"轼亦具靴袍秉笏立庭

---

① 颜中其.苏东坡轶事汇编[M].长沙：岳麓书社，1984：25.

下。无颇与职官皆小帻列轼后。二卒怀台牒，挂其衣若匕首然。僕又久之不语，人心益疑。轼惧曰："轼自来激恼朝廷多，今日必是赐死，死固不辞，乞归与家人诀别。"僕始肯言曰："不至如此。"无颇乃前曰："太傅必有被受文字？"僕问谁何？无颇曰："无颇是权州。"僕乃以台牒授之，及开视，只是寻常追摄行遣耳。僕促轼行。二狱卒就扎之。即时出城登舟，郡人送者雨泣。顷刻之间，拉一太守如驱犬鸡。①

在皇甫僕说出"不至如此"之后，无颇有没有将"只是寻常追摄行遣"的文书给苏轼看，我们不得而知，依同僚情谊，似应给看，以让苏轼放心，再说文书内容"寻常"而已，当事人理应能看，这于人有益，于己也无害吧；但苏轼被拉出城，无颇未能前去一送，似乎不够意思，据此不给看也未可知。不过这时苏轼已知起码暂无死的威胁。

　　从慌乱看，朝廷的这一行动仍然大大出乎他的意料，当危险尚未真正出现时，苏轼显然高估了神宗的胸襟、肚量，他也深信自己具有为朝廷而不惜"微命"的决心，最后把朋友的劝告化为一个笑话。当时的苏轼并不了解神宗对他的真实态度，这一直要到狱中，收到牢饭是所送之鱼时，才真切地感受到了确实有因忠言而送命的可能（就是我们在上文提

① 颜中其.苏东坡轶事汇编[M].长沙：岳麓书社，1984：56.

到过的抄他叔祖作业:"送食惟菜与肉;有不测,则撤二物而送鱼"),才发觉没有必要为这个朝廷去做范滂,似已感悟到做个如此这般的忠臣实无任何价值。

苏轼为自己"不忍事"之性吃足了苦头。我以为,李定、舒亶、何正臣之流对苏轼的攻击,并非全然造谣诽谤,无事生非;他们确实捕捉到了由于苏轼的"放肆"所递给他们的刀子。我们再来看看苏轼的《湖州谢上表》:

伏念臣性资顽鄙,名迹堙微。议论阔疏,文学浅陋。凡人必有一得,而臣独无寸长。荷先帝之误恩,擢置三馆;蒙陛下之过听,付以两州。非不欲痛自激昂,少酬恩造。而才分所局,有过无功;法令具存,虽勤何补。罪固多矣,臣犹知之。夫何越次之名邦,更许借资而显授。顾惟无状,岂不知恩。此盖伏遇皇帝陛下,天覆群生,海涵万族。用人不求其备,嘉善而矜不能。知其愚不适时,难以追陪新进;察其老不生事,或能牧养小民。而臣顷在钱塘,乐其风土。鱼鸟之性,既自得于江湖;吴越之人,亦安臣之教令。①

前面自我贬抑,似乎过分,如"名迹堙微",不是科举高中

---

① 苏轼撰,茅维编,孔凡礼点校.苏轼文集:第二册[M].北京:中华书局,1986:654.

吗？"文学浅陋"，不是前辈几乎无不赞扬吗？"独无寸长"，下文不是说"吴越之人，亦安臣之教令"吗？"有过无功"，不是刚刚在徐州因抗洪有功而受到过神宗的嘉奖吗？可读者从中感受到的并不是谦顺，而是牢骚、怨望！

根据有关较为可信的史料，在关于变法的政见分歧变为政治斗争再变而为新旧党争的过程里，神宗开始时对苏轼还是怀有好感的，只是后来反新法力量逐渐变大，而苏轼在其中的影响越来越不可小视后，才改变了主意。特别是李定、舒亶、何正臣等的捣鼓，上报了他们所搜集的苏轼攻击新法甚至涉及神宗的诗文，趁机煽风点火，做足了要置苏轼于死地的文章。如御史中丞李定言：

知湖州苏轼，初无学术，滥得时名，偶中异科，遂叨儒馆，有可废之罪四。昔者尧不诛四凶，至舜则流放窜殛之，盖其恶始见于天下也。轼初腾沮毁之论，陛下犹置之不问，容其改过，轼怙终不悔，其恶已著，一也。古人有言曰，教而不从，然后诛之，盖吾之所以俟之者尽，然后戮辱随焉。陛下所以俟轼者，可谓尽矣，而狂悖之语日闻，二也。轼所为文辞，虽不中理，亦足以鼓动流俗，所谓言伪而辨；当官侮慢，不循陛下之法，操心顽愎不服陛下之化，所谓行伪而坚；先王之法所当首诛，三也。刑故无小，盖知而故为，与夫不知而为者异也。轼读史传，非不知事君有礼，讪上有

诛，而敢肆其愤心，公为诋訾，而又应举对策，即己有厌弊
更法之意，及陛下修明政事，怨不用己，遂一切毁之，以为
非是，四也。罪有四可废，而尚容于职位，伤教乱俗，莫甚
于此。伏望断自天衷，特行典宪。①

他列出了四条罪状，几乎每一条都往死刑上扣，尤其是第四
条说苏轼明知"讪上有诛"，却因"怨不用己，遂一切毁
之"，简直是"不杀不足以平民愤"！他还说，即使你现在像
尧"不诛四凶"一样放过苏轼，日后苏轼也会像被舜"流放
窜殛之"，只是让他会有作更多恶的时间而已。

监察御史里行何大正札子：

臣伏见祠部员外郎直史馆知湖州苏轼谢上表，其中有
言："愚不识时，难以追陪新进；老不生事，或能牧养小
民。"愚弄朝廷，妄自尊大，宣传中外，孰不叹惊！夫小人为
邪，治世所不能免；大明旁烛，则其类自消。固未有如轼为
恶不悛，怙终自若，谤讪讥骂，无所不为。道路之人，则又
以为一有水旱之灾，盗贼之变，轼必倡言，归咎新法，喜动
颜色，惟恐不甚。今更明上章疏，肆为诋诮，无所忌惮矣。

---

① 李焘.续资治通鉴长编：卷二百九十九[M].北京：中华书局，2004：7265 -
7266.

夫出而事主，所怀如此，世之大恶，何以复加！昔成王戒康
叔，以助王宅天命，作新民，人有小罪非眚，乃惟终不可不
杀。盖习俱污陋，难以丕变，不如是，不足以作民而新之。
况今法度未完，风俗未一，正宜大明诛赏，以示天下。如轼
之恶，可以止而勿治乎！轼所为讥讽文字，传于人者甚众，
今犹取镂板而鬻于市者进呈。伏望陛下，特赐留神。①（"人
有小罪非眚，乃惟终不可不杀"，意思是：凡属故意犯罪或者
惯犯，即使罪行较轻，也要从严惩处，彻底根绝。）

如果"刀笔"一词可以理解为写字的笔可以作为杀人的刀，何
大正的这篇文字也是典型的锋利之刀，寒光闪闪，足可置人于
死地。你看：相关的事实，均有罪犯的亲笔文字作为依据；该
杀的判断，也是遵循具有无上权威的《尚书·康诰》所指示的
法理；而且"习俱污陋，难以丕变"，都是足以办成难以翻盘
的铁案的理由，再说"况今法度未完，风俗未一，正宜大明诛
赏，以示天下"，也正是必要拿苏轼祭旗理由之所在。

再看监察御史里行舒亶的札子：

盖陛下发钱以本业贫民，则曰"赢得儿童语音好，一年
强半在城中"；陛下明法以课试郡吏，则曰"读书万卷不读

---

① 朋九万.东坡乌台诗案及其他二种[M].上海：商务印书馆，1939：1.

律，致君尧舜知无术"；陛下兴水利，则曰"东海若知明主意，应教斥卤变桑田"；陛下谨盐禁，则曰"岂是闻韶解忘味，迩来三月食无盐"。其他触物即事，应口所言，无一不以讥谤为主。小则镂板，大则刻石，传播中外，自以为能。①

一连用了多个"陛下"，似乎苏轼的"讥谤"，所针对的就是神宗，并上轼"印行四册"诗以为铁证。其实，如果不是别有用心，文中"陛下"应作"朝廷"方为合适。苏轼自己的所谓"供状"里，也难以否认。如："'读书万卷不读律，致君尧舜知无术。'是时朝廷新兴律学，轼意非之。以谓法律不足以致君于尧舜，今时又专用法律而忘诗书，故言我读万卷书，不读法律，盖闻法律之中无致君尧舜之术也。"又云："'平生所惭今不耻，坐对疲氓更鞭棰。'是时多徒配犯盐之人，例皆饥贫。言鞭棰此等贫民，轼平生所惭，今不耻矣。以讥讽朝廷盐法太急也。"②在他们的蛊惑下，才三十一岁的神宗难免不受影响。神宗为了抑制保守派反新法的势头，于是决心下令抓捕。

那么神宗是否真有可能杀轼之意？毕沅《续资治通鉴》七十四卷元丰二年十二月庚申日条：

---

① 朋九万.东坡乌台诗案及其他二种[M].上海：商务印书馆，1939：2.

② 同①7.

轼既下狱，众莫敢正言者。直舍人院王安礼乘间进曰："自古大度之君，不以语言谪人。轼本以才自奋，今一旦致于法，恐后世谓不能容才，愿陛下无庸竟其狱。"帝曰："朕固不深谴，特欲申言者路耳，行为卿贳之。"既而戒安礼曰："第去，勿泄言。轼前贾怨于众，恐言者缘轼以害卿也。"……其后狱果缓，卒薄其罪。①

陈善《扪虱新话》：

苏东坡元丰间逮诏狱，与其长子迈俱行。与之期送食惟菜与肉；有不测，则撤二物而送以鱼，使伺外间以为候。迈谨守。逾月，忽粮尽，出谋于陈留，委其一亲戚代送，而忘语其约。亲戚偶以鲊送之，子瞻乃大骇，自知不免，因书云："余以事系御史狱，狱吏稍见侵，自度不能堪，死狱中，不得一见吾子由。"乃作诗二首，授狱卒梁成，以遗子由。然狱吏不敢隐，遂以闻。神宗初固无杀意，见诗益动心；自是遂益从宽释，凡众请用深文者皆拒之。②

又，据传王安石曾以一语救了苏轼。周紫芝《太仓稊米集》

---

① 毕沅.续资治通鉴：第4册[M].北京：中华书局，1957：1868-1869.

② 颜中其.苏东坡轶事汇编[M].长沙：岳麓书社，1984：60-61.

卷四十九："旧传元丰间，朝廷以群言论公，独神宗惜其才，不忍杀。丞相王文公曰：'岂有圣世而杀才士者乎！'当时谳议，以公一言而决。"虽为"旧传"，也在情理之中。因此案是当时新旧党争的焦点，杀轼，王安石必背判死的黑锅。

此案的判决结果是："初，御史台既以轼具狱上法寺，当徒二年，会赦当原。"①意思是：当初，御史台以对苏轼的审判结果上交法寺（即所谓大理寺，相当于后来的中央最高法院），法寺认为该判两年徒刑，由于正好遇上朝廷颁发赦令，据此应予赦免。然而最高法院的判决并非最终判决，最终判决权在皇帝手里：

奉圣旨：苏轼可责授检校水部员外郎充黄州团练副史本州安置，不得签署公事。②

神宗免了他的死罪，但还是给予了下贬黄州的特别责罚。谢天谢地！总算没有杀他，在客观上成全了一个完整的苏东坡。北宋虽然开始有了处于雏形状态的法治，但最终还是皇帝说了算。

苏轼之"不外饰""不忍事"，只有在文明高度发达的社

---

① 李焘.续资治通鉴长编：卷三百一[M].北京：中华书局，2004：7333.

② 朋九万.东坡乌台诗案及其他二种[M].上海：商务印书馆，1939：33.

会里才不会惹事贾祸。苏轼毕竟太理想主义了！不过，我们千万不能低估"乌台诗案"对他这种理想主义的沉重打击。应当承认，自苏轼出狱贬到黄州这一阶段，他的思想情感是非常复杂的。在古代社会里，所谓功业往往和职权联系在一起，你要建功立业，一般非得有相当的权力地位才行。这就导致建功立业和追逐权位之间出现一个模糊地带，难以分清某人动机到底是仅仅为了权位还是主要为了功业。不过实际上人人都难以绝对地划出非此即彼的楚河汉界，苏轼也难例外，只不过可以肯定的是他最初也最主要的是建功立业，而不是追逐权位。苏轼作为人，是复杂的，并不纯粹，但有一点不容含糊，他绝不愿为了一己之名位私利而改变甚至放弃自以为正确的政见、主张、意愿。苏东坡初到黄州时期，难免消沉苦闷，往往到佛老中去寻求安慰，但他始终没成为佛教徒、道教徒。他始终爱人，不愿意也不可能离开人间世，苏东坡是人间世的苏东坡。在黄州之初，他在很大程度上是以为此生建功立业已无机会，而建功立业正是他从小就萌发于心的志向，难以舍弃，因此而消沉苦闷。

对御史台的几位，苏轼已进一步认清他们的冷酷和狡猾，决不会有任何幻想；但对神宗，虽然已知他远非先秦孔孟所谓的圣君，但他尚能顶住御史台的压力，未判自己死刑，我想苏轼对此不能没有感激之情，至于他变法急于求成，苏轼当然不可能改变自己的反对态度，但忠君思想或已有所淡化，只是不可能连根拔起。在黄州时，他写给王定国的信中说："杜子美在困穷之中，一饮一食，未尝忘君，诗人以来，一人而已。今见定国，每有书皆有感恩念咎之语，甚得诗人之本意。仆虽不肖，亦尝庶几仿佛于此也。"①于人际交往，他已开始趋向谨慎，开始区别对待。不过，最最主要的于民同情之心、于人的恻隐之情则不但没有减弱，反而不断有所加深加强。

当御史台派人来湖州衙门逮捕他时，苏轼一时竟不知"何以为服"，这也许是他强烈地感受到由臣而民这一身份转变的开始，但即使从监狱出来，也仍是由"御史台差人转押前去"，实际上仍在编管之中，自由度还不如一个老百姓，但毕竟有一顶官帽在，尽管几乎小得不能再小，虚得不能再虚，无论如何还是一个不同于民的官，而绝对不是民——这才有一个向民转化的问题。

由于还是一个官，到了黄州，就应当而且必须给皇帝写个"谢表"。此表万万不可小觑：

臣轼言。去岁十二月二十九日，准敕责降臣检校尚书水部员外郎充黄州团练副使本州安置不得金书公事，臣已于今

---

① 苏轼撰，茅维编，孔凡礼点校.苏轼文集：第四册[M].北京：中华书局，1986：1517.

月一日到本州讫者。狂愚冒犯，固有常刑。仁圣矜怜，特从轻典。赦其必死，许以自新。祇服训辞，惟知感涕（中谢）。伏念臣早缘科第，误忝缙绅。亲逢睿哲之兴，遂有功名之意。亦尝召对便殿，考其所学之言；试守三州，观其所行之实。而臣用意过当，日趋于迷。赋命衰穷，天夺其魄；叛违义理，辜负恩私。茫如醉梦之中，不知言语之出。虽至仁屡赦，而众议不容。案罪责情，固宜伏斧质于两观；推恩屈法，犹当御魑魅于三危。岂谓尚玷散员，更叨善地。投畀豺虎之野，保全樗栎之生。臣虽至愚，岂不知幸。此盖伏遇皇帝陛下，德刑并用，善恶兼容。欲使法行而知恩，是用小惩而大诫。天地能覆载之，而不能容之于度外；父母能生育之，而不能出之于死中。伏惟此恩，何以为报。惟当蔬食没齿，杜门思愆。深悟积年之非，永为多士之戒。贪恋圣世，不敢杀身；庶几余生，未为弃物。若获尽力鞭棰之下，必将捐躯矢石之间。指天誓心，有死无易。①

其中"伏念臣早缘科第……观其所行之实"，我觉得如果只是为了表达谢表之谢，完全可以删去；且删之后，上下之文仍旧可以连接得非常自然。仔细咂摸这段似乎可有可无的文

---

① 苏轼撰，茅维编，孔凡礼点校.苏轼文集：第二册[M].北京：中华书局，1986：654－655.

字，我总觉得其中别有一种深层的味道在。这得联系他所谢的诏令来品味：

敕：具官某，稍以时名，获跻显仕，列职儒馆，历典名城。报礼未闻，阴怀觖望，讪毁国政，出于诬欺，致言职之交攻，属宪司而辩治。诐辞险说，情实具孚。虽肆宥示恩，朕欲从贷；而奸言乱众，义所不容。黜置方州，以励风俗。往服轻典，毋忘自新。可。——《尚书祠部员外郎直史馆苏轼责授黄州团练副使本州安置制（元丰二年十一月）》①

虽是"诏令"，当然未必出自皇帝手笔，但一般都会比较忠实、准确地体现皇帝的意志。这篇诏令用词极其严厉、冷峻，恼怒之情溢于言表，更有对他以前的一切全盘否定的意思。对此，苏轼表示出了不服的意向。"早缘科第，误忝缙绅。亲逢睿哲之兴，遂有功名之意"：早年出仕，因"缘科第"；"列职儒馆"期间，"亦尝召对便殿"，《宋史》本传记载相关事实如下：苏轼关于学校贡举之议上，神宗悟曰："吾固疑此，得轼议，意释然矣！"即日召见，问："方今政令得失安在？虽朕过失，指陈可也。"对曰："陛下生知之性，天纵文武，不患不明，不患不勤，不患不断，但患求治太急，听

言太广，进人太锐。愿镇以安静，待物之来，然后应之。"神宗悚然曰："卿三言，朕当熟思之。凡在馆阁，皆当为朕深思治乱，无有所隐。"①这在当时的官场，几乎无人不知。苏轼现在于此重提此事（当年"你"曾认可"我"的建言对决策施政确有所补），实有提醒之意；"试守三州，观其所行之实"则针对"历典名城"，因在三州，苏轼政绩斐然，几乎有口皆碑；而这次下狱之"罪"，只是由于"用意过当"而已。何谓"用意过当"？他在黄州写给李端叔信里有最贴切的解释：

　　轼少年时，读书作文，专为应举而已。既及进士第，贪得不已，又举制策，其实何所有。而其科号为直言极谏，故每纷然诵说古今，考论是非，以应其名耳。人苦不自知，既以此得，因以为实能之，故譊譊至今，坐此得罪几死，所谓齐虏以口舌得官，真可笑也。然世人遂以轼为欲立异同，则过矣。妄论利害，搀说得失，此正制科人习气。②

我用意不过如此，即按你们给的题目出主意提建议，根本别

---

①　脱脱.宋史：卷三百三十八[M].北京：中华书局，1997：10804.

②　苏轼撰，茅维编，孔凡礼点校.苏轼文集：第四册[M].北京：中华书局，1986：1432.

无异心，此对天可表，可你们却几乎要了我的命！

　　苏东坡在御史台几乎可以说是日受凌辱，挣扎于死亡边缘，所受打击肯定不小；但他并没有真正屈服，"我心依然"！试看《御史台榆、槐、竹、柏四首》之《竹》：

　　　今日南风来，吹乱庭前竹。

　　　低昂中音会，甲刃纷相触。

　　　萧然风雪意，可折不可辱。

　　　风霁竹已回，猗猗散青玉。

　　　故山今何有，秋雨荒篱菊。

　　　此君知健否，归扫南轩绿。①

南轩在东坡老家。十分明显，他是以竹自喻，"萧然风雪意，可折不可辱"，这是何等坚定高尚的气节！

　　出狱后在赴黄州的路上，他的心里是笃定的："便为齐安民，何必归故丘。"②受到他的影响，一直跟随在侧的儿子苏

① 苏轼撰，王文诰辑注，孔凡礼点校.苏轼诗集：第三册［M］.北京：中华书局，1982：1004.

② 苏轼撰，王文诰辑注，孔凡礼点校.苏轼诗集：第四册［M］.北京：中华书局，1982：1019.

迈，也很坚强："相从艰难中，肝肺如铁石。"①

贬谪黄州他虽时时提醒自己应当谨言慎行，也常到寺庙修习，在佛经里寻求平静；然而他并没有忘了自己，丢了自己。他在给朋友范子丰的信中说：

> 临皋亭下不数十步，便是大江，其半是峨眉雪水，吾饮食沐浴皆取焉，何必归乡哉！江山风月，本无常主，闲者便是主人。问范子丰新第园池，与此孰胜？所不如者，上无两税及助役钱耳。②

"所不如者"，四字真妙！从远远不胜中找出胜过之处，而胜过之处又以"不如"出之，不只开了朋友的玩笑，也对新法幽默了一把：真大手笔也！——我见闻有限，但却发现不少目下有关著作往往只是强调东坡善于在苦难中自我调节，不但不以为苦，反能自得其乐这一面。其实这不但片面，而且无意之间还遗落了东坡之为东坡更重要更可贵的一面，这就是他的傲骨和强项，"所不如者，上无两税及助役钱耳"这一

---

① 苏轼撰，王文诰辑注，孔凡礼点校.苏轼诗集：第四册[M].北京：中华书局，1982：1023.

② 苏轼撰，茅维编，孔凡礼点校.苏轼文集：第四册[M].北京：中华书局，1986：1453.

句就是最典型的例子之一。不少人一谈李白，就是"安能摧眉折腰事权贵"，而往往忘了唐玄宗召他进宫时的得意："仰天大笑出门去，我辈岂是蓬蒿人！"苏东坡善处穷境，固然了不起、难做到，但我觉得更了不起、最难做到的却是他的坚定"不随"，他的傲骨、强项，连在游戏笔墨里也没忘记！

对朋友和所谓的朋友，他已经学会能够有不同的对待。例如出狱来黄州不久，他曾致信章惇说："轼所以得罪，其过恶未易以一二数也。平时惟子厚与子由极口见戒，反覆甚苦，而轼强狠自用，不以为然。及在囹圄中，追悔无路，谓必死矣。不意圣主宽大，复遣视息人间，若不改者，轼真非人也……如轼正复洗濯瑕垢，刻磨朽钝，亦当安所施用，但深自感悔，一日百省，庶几天地之仁，不念旧恶，使保首领，以从先大夫于九原足矣。"①这些主动写给章惇深自痛责的文字，看来出自真心，也可能会有个人安全的考虑，因为当时朝廷主政的所谓变法派官员并没有真正放弃置他于死地的图谋，但不管怎样，我觉得都是可以理解、无亏大节的。在此，必须注意他所说的"追悔"和一般所说的"改过"还是有所区别的。他在给友人滕达道的信中写道：

---

① 苏轼撰，茅维编，孔凡礼点校.苏轼文集：第四册[M].北京：中华书局，1986：1411-1412.

某欲面见一言者，盖谓吾侪新法之初，辄守偏见，至有异同之论。虽此心耿耿，归于忧国，而所言差谬，少有中理者。今圣德日新，众化大成，回视向之所执，益觉疏矣。若变志易守以求进取，固所不敢，若哓哓不已，则忧患愈深。①

他似乎承认了对新法"辄守偏见"，但完全出于"忧国"，并且表明了他绝不为求进取而"变志易守"，只劝朋友在态度上不必"哓哓不已"。无论如何，他骨子里并未在对新法的原来立场上退缩。因为这是苏东坡"归于忧国"的坚守。"不敢"，说得好，所守者，一己之人格底线也！

苏轼出狱时诗"塞上纵归他日马，城东不斗少年鸡"之句，用的是这一典故：传说唐玄宗好斗鸡之戏，因而就有善于斗鸡的少年得宠。东坡是借此表明自己对当局没有、也不会屈从的，绝非神宗所说的"黜居思咎"，更不是"阅岁滋深"②。这两联似已足可看出他对自己作为"臣"的角色已经有所超越。他的这种表现和他的个性实在是分不开的。我们读东坡的诗词文，往往能够强烈地感受到他发自心底的善良。《正月十八日蔡州道上遇雪，次子由韵二首》之二说：

---

① 苏轼撰，茅维编，孔凡礼点校.苏轼文集：第四册[M].北京：中华书局，1986：1478.
② 孔凡礼.苏轼年谱：中[M].北京：中华书局，1998：597.

"伫立望原野，悲歌为黎元。"①刚刚走出死牢才没几天的苏东坡，一如既往，依旧见不得百姓受苦的景象，依旧口无遮拦，公开表明他并没有完全臣服，没有真正悔过。真是"无可救药"（林语堂语）！是的，植根于个人性情的是非观念、喜恶情感（如善良、悲悯之心）往往终生难以改变，这样的诗句因情之所至往往是脱口而出的。他这样向朋友描述自己当时的生活与心情：

来诗愈奇，欲和，又不欲频频破戒。自到此，惟以书史为乐，比从仕废学，少免荒唐也。

近于侧左得荒地数十亩，买牛一具，躬耕其中。今岁旱，米贵甚。近日方得雨，日夜垦辟，欲种麦，虽劳苦却亦有味。邻曲相逢欣欣，欲自号鏖糟陂里陶靖节，如何？君数书，笔法渐逼晋人，吾笔法亦少进耶？画不能皆好，醉后画得一二十纸中，时有一纸可观，然多为人持去，于君岂复有爱，但卒急画不成也。今后当有醉笔，嘉者聚之，以须的信寄去也。②

① 苏轼撰，王文诰辑注，孔凡礼点校.苏轼诗集：第四册[M].北京：中华书局，1982：1020.

② 苏轼撰，茅维编，孔凡礼点校.苏轼文集：第四册[M].北京：中华书局，1986：1520－1521.

他初到黄州时情绪最为低落，自然难免"竟无五亩继沮溺，空有千篇凌鲍谢"（次韵前篇《定慧院寓居月夜偶出》）①、"江城地瘴蕃草木，只有名花苦幽独"（《寓居定慧院之东，杂花满山，有海棠一株，土人不知贵也》）②这样的怨愤；但也仍以"虽云走仁义，未免违寒饿"宽慰自己（《迁居临皋亭》）③，以"尊主泽民"激励自己，并与友人共勉。在给知友李常（公择）的信中他写道：

　　吾侪虽老且穷，而道理贯心肝，忠义填骨髓，直须谈笑于死生之际，若见仆困穷便相於邑，则与不学道者大不相远矣。兄造道深，中必不尔，出于相好之笃而已。然朋友之义，专务规谏，辄以狂言广兄之意尔。兄虽怀坎壈于时，遇事有可尊主泽民者，便忘躯为之，祸福得丧，付与造物。非兄，仆岂发此！看讫，便火之，不知者以为诟病也。④

真诚恳切之情，溢于言表。其言如此，其行也毫不逊色。例

① 苏轼撰，王文诰辑注，孔凡礼点校.苏轼诗集：第四册［M］.北京：中华书局，1982：1034.

② 同①1036.

③ 同①1054.

④ 苏轼撰，茅维编，孔凡礼点校.苏轼文集：第四册［M］.北京：中华书局，1986：1500.

如当他发现当地由于贫穷久有溺婴的恶习，就情不自禁地发起募捐筹建类似现代孤儿院的救儿组织，他自己虽然经济拮据，也还是每年捐出十千。这"十千"不容易啊！他在给秦观的信中曾经谈到他日用拮据"痛自节俭"的具体情况："初到黄，廪入既绝，人口不少，私甚忧之。但痛自节俭，日用不得过百五十，每月朔便取四千五百钱，断为三十块，挂屋梁上，平旦用画叉挑取一块，即藏去叉，仍以大竹筒别贮用不尽者，以待宾客，此贾耘老法也。"①捐钱一举纯粹出于悲悯之心，由衷觉得这是"乐事"一件，与所谓政绩毫无瓜葛。无论是在官位上，还是在贬谪中，凡爱民之事，他无不"忘躯为之"。

在黄州，用他自己在另一谢表中的话来说已到了"无官可削，抚己知危"（《谢徐州失觉察妖贼放罪表》）②的地步，这也促成了他开始真正融入了民众之中。他甚至觉得就做一个当地之"民"，也许就是今后最佳的人生选择。因此他能为别人认不出他是曾经官位不小的大名人而由衷高兴。在上引给李端叔的信中他还写道："得罪以来，深自闭塞，扁舟草

---

① 苏轼撰，茅维编，孔凡礼点校.苏轼文集：第四册［M］.北京：中华书局，1986：1536.

② 苏轼撰，茅维编，孔凡礼点校.苏轼文集：第二册［M］.北京：中华书局，1986：655.

履，放浪山水间，与樵渔杂处，往往为醉人所推骂。辄自喜渐不为人识。"①最后一句，最真实地传达出了由臣而民在心理上的微妙变化，一个"喜"字，说明他已体验到与民相处之乐，为民之乐。

苏轼是在黄州和东坡相遇的，东坡在黄州本是个没有固定地名的土坡，因其在黄州城之东而叫作东坡。但苏轼确实是先在此处耕作后居住于此而自号"东坡居士"的。这无疑是受到白居易的影响。周必大《二老堂诗话》："本朝苏文忠公不轻许可，独敬爱乐天，屡形诗篇。盖其文章皆主辞达，而忠厚好施，刚直尽言，与人有情，与物无著，大略相似。谪居黄州，始号东坡，其原必起于乐天忠州之作也。"②

仔细一看，周必大说的是"始号东坡"，而未说是"自号东坡居士"，苏轼自号"东坡"似乎直接只关乎白居易多首在忠州写的诗，下面举三首为例：

步 东 坡

朝上东坡步，夕上东坡步。

---

① 苏轼撰，茅维编，孔凡礼点校.苏轼文集：第四册［M].北京：中华书局，1986：1432.

② 王蓉贵，白井顺.周必大全集：第 3 册［M].成都：四川大学出版社，2017：1685.

东坡何所爱？爱此新成树。

种植当岁初，滋荣及春暮。

信意取次栽，无行亦无数。

绿阴斜景转，芳气微风度。

新叶鸟下来，萎花蝶飞去。

闲携斑竹杖，徐曳黄麻屦。

欲识往来频，青苔成白路。^①

别种东坡花树两绝

二年留滞在江城，草树禽鱼尽有情。

何处殷勤重回首，东坡桃李种新成。

花林好住莫憔悴，春至但知依旧春。

楼上明年新太守，不妨还是爱花人。^②

比较两位诗人的相关诗篇，题材、情趣相去甚远。

　　白居易诗里确实有"东坡"，但此东坡非彼东坡也。白居易只在"太守"公事之余在此养花种树而已，并不像苏东坡在黄州期间多少是要依靠耕种东坡生活的。只是我们的东坡

---

① 朱金城.白居易集笺校[M].上海：上海古籍出版社，2020：620.

② 同①1196.

确实受到此东坡这一地名的启发。

离开苏东坡这个人，东坡作为名字似乎就很"土"很"俗"，不就是在东面的土坡吗，能有什么深意雅趣呢？又有谁瞧得上眼？但东坡以之为号，想必不是随随便便的轻率之举。苏轼以东坡为号，虽不意味着已经下定决心和朝堂分手，但起码已经发现在朝堂之外的另一种生活，就好像陶渊明种豆的南山一样，却和白居易的香山有别。在上引《上李端叔书》中，他说到"故我""今我"这两个词，特别值得引起我们的重视：黄州的贬谪生活，就是他自觉告别"故我"走向"今我"，开始由"臣"走向"民"最后成为"人"的第一个关键时期。由"故"而"今"相对较易，而由"臣"而"人"之难，固然不是难于上青天，但与脱胎换骨其实也差不了太多。如苏轼到黄州三年后，仍难完全摆脱对"君门"、家族的念想，感叹"君门深九重，坟墓在万里"[1]。

东坡自号东坡居士，白居易自号香山居士，虽然都是居士，但作为居士，具体情况却颇不相同。白居易晚年厌倦了官场生活，虽然头顶显赫的官帽，却笃信佛教，大部分时间都在寺院度过，并和僧如满等结社唱酬。正如他的《香山寺》所写："空门寂静老夫闲，伴鸟随云往复还。家酝满瓶书

---

① 苏轼撰，王文诰辑注，孔凡礼点校.苏轼诗集：第四册[M].北京：中华书局，1982：1113.

满架，半移生计入香山。"①东坡当然也深受佛家的濡染，一生诗文中多有反映和表现，但实际上并未真正皈依于佛。他在《答毕仲举》中说：

> 不知君所得于佛书者果何耶？为出生死、超三乘，遂作佛乎？抑尚与仆辈俯仰也？学佛老者，本期于静而达，静似懒，达似放，学者或未至其所期，而先得其所似，不为无害。②

可见东坡学佛老，并不是要做菩萨做神仙，"本期于"自身静而达。有学者认为："苏轼真正归诚于佛僧，是从黄州开始的，以习佛求道的'功业'除去'恶业'也自黄州始。"③我觉得此所谓以"功业"指"习佛求道"并不太准确。初来黄州，为了平息心中的矛盾、痛苦，曾经更多地向佛家寻求安慰和解脱，自号"居士"就体现出了这种倾向，但他并没有像白居易那样成为真正的佛教徒。

虽然白居易仕途也曾不顺，但毕竟都还是在"官"："座中泣下谁最多？江州司马青衫湿！"即使在如此"沦落"之

---

① 朱金城.白居易集笺校[M].上海：上海古籍出版社，2020：2082.

② 苏轼撰，茅维编，孔凡礼点校.苏轼文集：第四册[M].北京：中华书局，1986：1672.

③ 张毅.苏轼与朱熹[M].天津：天津教育出版社，2007：52.

时，毕竟还是一个"司马"，虽然实际上并没什么权力。后来到忠州当了太守，官不算太小了，懂得"养民"如养树。"将欲茂枝叶，必先救根株。云何救根株？劝农均赋租；云何茂枝叶？省事宽刑书。移此为郡政，庶几氓俗苏"，说的都是那个时代做个"好官"惯常的思路。而苏东坡就没有这么幸运了。苏东坡到黄州不是来做官的，而是来"赎罪"的。到了黄州之后，正为日后的生计发愁，于是朋友为他找到并请得了东坡这块地，东坡遂决计以躬耕为生。

从湖州父母官任上行将被逮时不知"所以为服"开始，现在想必已经习惯"子民"的穿着，农民称之为"君"，东坡得到他们的指导帮助，他自然要"再拜谢苦言"了。这种转变，这种感受是白居易始终体会不到的。宋末车若水《脚气集》云："东坡每健羡白乐天，白乐天如何敢望东坡！东坡大节照映古今，乐天些小升沉，便动色力。"①可供参考。

由"东坡"我们也许会联想到"南山"，想到"种豆南山下"的陶渊明。上文所引周必大所说的"苏文忠公不轻许，可独敬爱乐天"，前半句说对了，后半句却大可商榷：他敬爱陶渊明远胜白乐天，要说"独"，对于苏东坡来说，实非陶渊明莫属！苏辙在《子瞻和陶渊明诗集引》中说：

---

① 程毅中.宋人诗话外编：一[M].北京：中华书局，2017：1606.

　　东坡先生……书来告曰:"古之诗人有拟古之作矣,未有追和古人者也。追和古人,则始于东坡。吾于诗人,无所甚好,独好渊明之诗。渊明作诗不多,然其诗质而实绮,癯而实腴。自曹、刘、鲍、谢、李、杜诸人皆莫及也。吾前后和其诗凡百数十篇,至其得意,自谓不甚愧渊明。今将集而并录之,以遗后之君子。子为我志之。然吾于渊明,岂独好其诗也哉? 如其为人,实有感焉。渊明临终,疏告俨等:'吾少而穷苦,每以家贫,东西游走。性刚才拙,与物多忤,自量为己必贻俗患,黾勉辞世,使汝等幼而饥寒。'渊明此语,盖实录也。吾今真有此病而不蚤自知。半生出仕,以犯世患,此所以深服渊明,欲以晚节师范其万一也。"①

　　东坡自己也在《书李简夫诗集后》说陶渊明,"欲仕则仕,不以求之为嫌,欲隐则隐,不以去之为高,饥则叩门而乞食,饱则鸡黍以延客,古今贤之,贵其真也"②。陶渊明的诗,他一一写了和作,和陶,写作时间跨度之长,用心用力之专,质量之高,古今没有第二人! 我们在后文将对陶、苏两位做一比较。

① 苏辙撰,陈宏天、高秀芳点校.苏辙集:第三册[M].北京:中华书局,1990:1110.
② 苏轼撰,茅维编,孔凡礼点校.苏轼文集:第五册[M].北京:中华书局,1986:2148.

苏轼在黄州躬耕东坡，邻里之间"数面自成亲"，他们指导并帮助他开垦荒地、种植粮食，又一起来帮助他造屋，也非常欢迎他到他们家喝茶饮酒，谈天说地。躬耕生涯不但使他容貌发生了变化，"日炙风吹面如墨"，更可贵的是他与当地农夫之间建立了友好而又真诚的感情，《东坡八首》其五云：

> 良农惜地力，幸此十年荒。
> 桑柘未及成，一麦庶可望。
> 投种未逾月，覆块已苍苍。
> 农父告我言，勿使苗叶昌。
> 君欲富饼饵，要须纵牛羊。
> 再拜谢苦言，得饱不敢忘。①

我作为一个出身农家、多少干过农活的人，觉得有必要解释一下"君欲富饼饵，要须纵牛羊"——当麦苗长到一定程度，就要放入牛羊踩踏，后来改为人工，如此，麦子才可望丰收。不是真正融入农民，写不出这样的句子。至于结尾两句，几可断言，别说不可能出现在屈宋、王孟、李杜、元白等的笔下，就是陶渊明也未必写得出来。每当我读到这两

---

① 苏轼撰，王文诰辑注，孔凡礼点校.苏轼诗集：第四册[M].北京：中华书局，1982：1081-1082.

句，总有一种亲切感会涌上心头。他"再拜"的对象不是别人，而是农夫；正是由于他们的帮助，他和他的一家才得以免于饥馑。因他真切感受到在黄州生活的意义和美好，曾有在当地买田置产的打算。这，也许是发生"何以为服"的问题以来，他真正由臣向民走近了一大步。

黄州时期可以说是东坡告别官场真正回到个人自我的重要阶段。他的精神世界第一次突破官场的束缚，获得了某种程度的自由，能够真正进入诗人的角色，诗词创作开始获得巨大的丰收，不少不朽的杰作都写于这一时期。本书不拟讨论他的诗词艺术，只想说明两点意思。一是丰收的缘由。个人地位、角色的变化，使他获得了感知、体验生活新的角度、深度，因而对人生有更全面更深刻更真切的体验，写出了真正的好诗。譬如孤独这一主题，当然以前也出现过，而其杰作却出现在黄州，也许正是在来的路上和刚到之初，东坡才品尝到了它的真滋味。成功的艺术形象从来不是生活真实本身，也不是生活真实的映象，而是诗人作家"心智的果实"（歌德语）。一部《红楼梦》，"字字看来皆是血"，曹雪芹实际上不是在描摹什么，而是在创造对象。黑格尔说得好："我们可以说独创性是从对象的特征来的，而对象的特征又是由创造者的主体性来的。"①

---

① 黑格尔.美学[M].朱光潜，译.北京：商务印书馆，1979：373-374.

梅花二首（其二）

何人把酒慰深幽？开自无聊落更愁。

幸有清溪三百曲，不辞相送到黄州。[①]

在从未遇到过的陌生环境里，当时极其强烈的孤独落寞的心情，使他看见了"清溪"，发现了清溪的深情，读懂了清溪的心意，写出了对其一路陪伴他来到黄州的无限感激。"何人"，无人也。梅花"开"时，即使美好无比，也无人赏识，于是只有"无聊"；掉落之后，随时都有被践踏于泥泞中之可能，因而"更愁"。"自"字本身就透着无限的孤独寂寞，"更"承"自"而来，分量自比"自"还重。由开、落，读者自然明白所写为梅花，非常切题，实际上写的还是自己：任官无聊，贬谪更是别有一种郁闷。转句由不幸转到"幸"，"幸"实深一层之不幸，它与首句"何人"呼应，虽仍无人，却聊胜无人，于是诗人只能以有清溪一路相伴为"幸"，又何不幸至此也！梅落水中，似乎比单是掉落更加不幸，但却遇见了有情人，"不辞"长途跋涉的辛劳把他送到黄州。看来，不幸其表也，再转进一层看，却是真的有幸，因为诗人从清溪发现了在大自然中这位深情的友人，为他打开了生命新的

---

① 苏轼撰，王文诰辑注，孔凡礼点校.苏轼诗集：第四册[M].北京：中华书局，1982：1026-1027.

境界！与《梅花二首》异曲同工的佳作还有《寓居定惠院之东，杂花满山，有海棠一株，土人不知贵也》等。

我想说的第二点意思是，他在新发现的大自然中，遇见了新的自己。如果前面所说多少有点顾影自怜的味道，那么这里所说的新的自己是已经向大自然敞开了心胸，踏进生命新境界的苏东坡。这里试举一首七言绝句：

东　　坡

雨洗东坡月色清，市人行尽野人行。

莫嫌荦确坡头路，自爱铿然曳杖声。①

这一首小诗意味着东坡已经超越了初来时的愤懑沮丧怨艾自怜的状态，找回了本真的自我，又开始积极地直面现实，表现出了对生活、生命的热爱。这首《东坡》是一首传世之作。王文诰说"此类诗，出自天成，人不可学"，确有道理。诗，非说教或叙述等等，难在让读者真切地感受到你此时此刻独特的情感体验。诗人在《东坡》所表达的是一种怎样的感情？他爱听拄着拐杖走路时杖头敲击地面石块的声音，为什么？值得认真揣摩。客观地说，这种声音只是极其枯燥的

---

① 苏轼撰，王文诰辑注，孔凡礼点校.苏轼诗集：第四册[M].北京：中华书局，1982：1183.

单音重复而已，可以说毫无美感；但诗意就在对这种声音的"自爱"中分泌出来。它首先就引起了读者的好奇之心，不禁要问一个个什么、为什么。自爱者谁？东坡居士也，不是什么通判、知州。在哪里？不是什么衙门、官场。到底是何身份？"野人"一个！"野人"一词有多种解释，这里与"市人"相对，就是所谓村野之人，农夫也！苏轼来到东坡失去的似乎太多太多了，但就是没有失去对自我之爱。"荦确坡头路"，高低不平，狭窄难行，恐怕没有多少人会喜欢，但东坡就是不嫌。东坡何以有此爱好？前此，从比喻的意义说，他一直踯躅在如此艰难坎坷的路上，但总算都走过来了，现在面对这雨后特别爽人的东坡，月色又何其清新，听着这曳杖的铿然之声，失去的都源于自己的坚守而已经失去了，何必计较，又何必痛惜？反而他为此而感到前所未有的轻松自在！他仿佛真正领悟了人生的真谛：超脱于名缰利锁高官厚禄之外，自由自在地享用这清明的无边月色和东坡爽气的赐予。是的，他爱这新的生活，爱这新的自我！"野人"的身份认同，表明苏东坡已经开始挣脱君君臣臣的枷锁，尽管思想感情的完全超越，此后仍有一个漫长的过程。

东坡在黄州，词写得又多又好，我们仍旧从心灵史的角度略举数例作点说明。孤独这一主题在词里也出现过，如：

卜算子·黄州定慧院寓居作

　　缺月挂疏桐，漏断人初静。时见幽人独往来，缥缈孤鸿影。　　惊起却回头，有恨无人省。拣尽寒枝不肯栖，寂寞沙洲冷。①

头两句形象地画出了月下夜色中的环境，接着主角出场，由于空无一人，因而"独"也，"孤"也，幽人以喻孤鸿，突出满腔的遗憾、不平（不是仇恨）无人理解，过往如此，而目下呢？他毅然选择了宁可忍受寂寞和寒冷，也要坚守"沙洲"。从其表现的心情看，和《梅花二首》相通，可以肯定是写在黄州的早期。黄庭坚说："语意高妙，似非吃烟火食人语。"②这一见解似乎到处被人引用，我却觉得这正是来自对包括官场在内的人间生活最深刻的认知，对自以为正确的立场最高贵的坚守，"拣尽寒枝不肯栖"，实际上诗人是为此付出了巨大代价的。比起《念奴娇·赤壁怀古》等作，应该说是更是词的词。

临　江　仙

　　夜饮东坡醒复醉，归来仿佛三更。家童鼻息已雷鸣。敲

①　邹同庆，王宗堂.苏轼词编年校注：上册[M].北京：中华书局，2016：275.

②　同①284.

门都不应，倚杖听江声。　　长恨此身非我有，何时忘却营营。夜阑风静縠纹平。小舟从此逝，江海寄余生。①

从字面看，下片首句"长恨此身非我有"似和上片末句"倚杖听江声"脱节断开，其实却是相关相连的，"长恨"云云，实是"江声"的启发，两句似断非断，似连非连，意味无穷。从内容看，诗人从初来时的"拣尽寒枝不肯栖"，到此刻的"倚杖听江声"，似乎已经安定下来，为自己提供了一个深刻反省的机会，终于发现昨日"营营"之非，在于从中失却了自我。今后怎么办？想来只有去到人迹罕至的江海度过余生。——当然"小舟从此逝，江海寄余生"当时只是为了表明告别过去旧我的决绝，但却不幸成为日后的谶语。实际上只能回到当前的现实之中。这也许是东坡此生内心世界真正纠结之所在。他心心念念归隐田园，终究没有付诸行动，而这本来是可能实现但却终于未能迈出的一步，一直要到徽宗建中靖国元年（1101）六月，六十六岁的他坚定地"上表请老，以本官致仕"②。他并不贪恋富贵，但毕竟也没有真正请退归田。我觉得这多半决定于他"不外饰"的性格，只要人事环境过得去，他不仅愿意而且高兴从政，以发挥他这方面

---

① 邹同庆，王宗堂.苏轼词编年校注：中册[M].北京：中华书局，2016：467.

② 孔凡礼.苏轼年谱：下[M].北京：中华书局，1998：1414.

的才能，为国家为黎民做点事，这也许是后来对被贬海南的遭遇并不怎么后悔的一个缘由。但天下不是如他所想的"无一个不好人"，于此，他不可能没有无奈和遗憾。

这一部分最后我们必得谈谈《赤壁赋》，因为苏东坡从中直接抒写了此一时期自己对生命对自然的感悟。

《赤壁赋》千年以来一直受到读者的喜爱，被奉为文学经典之作。有的文学家甚至觉得它"一洗万古，欲仿佛其一语，毕世不可得也"①。就是到了当代，读书人也几乎个个喜欢，总能背上几句，否则定将贻笑大方。

我年轻时对《赤壁赋》甚为迷醉。现在白发满头，但对它兴味依然。最近重读此赋，对其中苏子对客之慨叹人生短暂的劝慰又觉不甚理解："客亦知夫水与月乎？逝者如斯，而未尝往也；盈虚者如彼，而卒莫消长也。盖将自其变者而观之，则天地曾不能以一瞬；自其不变者而观之，则物与我皆无尽也，而又何羡乎！"

由于这一段话是苏子说服其客的主要理由之所在，绝不能也不应马虎囫囵而过。我疑惑不解的是，苏子认为天地物我都有不变的一面。我以为这不可思议，万难成立。宇宙、天地、物我等都无时无刻不处于变化之中，绝不可能不变。

---

① 何文焕.历代诗话[M].北京：中华书局，2004：445-446.

"在黑格尔看来，任何具体事物都是转瞬即逝的"①。

于是查书请教朋友。

朋友向我推荐了《〈赤壁赋〉文化语码解读》一文（《语文学习》2020年第1期），兹将其相关部分抄引如下：

> 《庄子·德充符》写道："自其异者视之，肝胆楚越也；自其同者视之，万物皆一也……"庄子这一段讲的是，如何看待"异"与"同"的问题，进而明确"得"与"失"的关系，与苏子之语非常相似，本质上一致。与其说苏轼受了《物不迁论》的影响，不如说受了《庄子》的影响更恰当。"异"就是"变"，"同"就是"不变"；"德"就"得"，也就是"不变"；"丧"就是"失"，就是"变"。苏子将这些概念转入他的话语体系，从而表达了心灵上的化解与圆融。

其中是否受到《物不迁论》的影响，姑且置而勿论，只探讨相关的"异"与"同"、"变"与"不变"的关系。我随手查了几个版本的《庄子》，均未发现类似"异"就是"变"、"同"就是"不变"这样的解释。我自知孤陋寡闻，难以骤然作出其是非的判断。不过，我觉得《庄子》引文中"其"之所指

---

① 马鸣.黑格尔《小逻辑》讲解[M].厦门：厦门大学出版社，1993：311.

也决不应忽略，"自其异者视之""自其同者视之"中的两个"其"都包含了用以指代比较的两者或更多的对象，如"肝胆""楚越""万物"等。庄子的这几句话，我的理解是：倘若从万物不同的一面看，即使亲近如肝胆的两个对象，也会成为像吴越两个极为疏远甚至相互对立的国家；倘若从它们相同的一面看，则天下万物在本质上就都是完全一样的，如今日物理学家所指出的，或都是粒子，或都是能量，等等。但，如果"异"就是"变"，"同"就是"不变"，那么天下万物就都成了不变的了，这好像难以说通；因为变化原就包含在事物的本质之中。

再看《苏轼选集》的见解："意谓从局部（即有限的具体事物）的角度来说，任何事物都瞬息万变；从整体（即无限的宇宙）的角度来说，万物与人类都没有穷尽。"①显然是把变与不变的角度转换为局部与整体的角度，两者的关系是：变的角度就是局部的角度，整体的角度就是不变的角度，能这么"就是"吗？"瞬息万变"固然是变，而且是飞快的变，难道"没有穷尽"就是没有变就是不变吗？我们大概也不能排除"没有穷尽"的变吧？

有一本《苏轼传》以白话翻译了这段话：

---

① 刘乃昌.苏轼选集[M].济南：齐鲁书社，2005：224.

你没看见江水和月亮吗？江水昼夜奔流，无时不在变化，但是千百年过去了，它并没有流逝掉；月亮由圆而缺，一天比一天不同，但是千百年过去了，它也并没有一点点增减。其实，无论是物，无论是我，都既有变的一面，又有不变的一面。从变的角度来看，天地万物就连一眨眼的工夫都不能保持不变；从不变的角度看，万物和人类都是永久的存在，又何必羡慕长江和明月呢？①

我注意到"永久的存在"主语变成了"万物和人类"，而非原来哀"吾生"之须臾的那位"客"所理解的人之一生。万物和人类变成永久的存在，虽不可能，但也总算勉强有点像的意思，不过极有可能难使"客"因之释怀。

有朋友说，林语堂也算得是研究苏东坡的大家了，何不再看看他的解读。于是就查他的《苏东坡传》："你看水和月！水不断流去，可是水还依然在此；月亮或圆或缺，但是月亮依然如故。你若看宇宙之中发生的变化，没有经久不变的，何曾有刹那间的停留？可是你若从宇宙间不变化的方面看，万物和我们人都是长久不朽的。"②似乎也只是从字面译了一下而已，而且差不多同样把"吾"变成"我们"，似乎没

① 王水照，崔铭.苏轼传[M].北京：人民文学出版社，2019：273.

② 林语堂.苏东坡传[M].张振玉，译.长沙：湖南文艺出版社，2016：205.

有说出更多的道理来。《赤壁赋》里第一人称代词多作
"吾"，只有一处作"我"。似乎作"吾"者，就是当今之
"我"；作"我"者，则是"我们"的意思。

朱刚先生认为："他（指苏轼）要从哲理上去讨论人生和
世界的存在时间之短长，所以将存在的时间形式概括为一个
概念'变'，从这个'变'的概念出发进行讨论。"①我以为
这确实是找到了讨论、解决问题的准确起点。但接着的论述
我尚不能理解。他以为，理解月盈虚之变，"得需要先去掉属
于现代人的'月球'概念"。他说：

　　苏轼的意思是，人们每天看到的"月"都不相同，时而
圆，时而缺，仿佛有很多的"月"，但是这么多不同"月"都
被我们称之为"月"，概括为一个总名"月"，与这个总名的
"月"（古人多称为"月之体"或"月之性"），它并没有什么
变化，没有时间性。变化的是每天看到的具体的"月"，这才
是有时间性的。所以，去掉"月球"这个概念以后，我们应
把"盈虚者"解读为每天看到的具体之"月"，而把"卒莫消
长"者解读为概括的总名之"月"，在时间的长河里，前者只
存在一瞬，后者长存，千古以来我们都把它叫作"月"。

　　……

① 朱刚.苏轼十讲[M].上海：上海三联书店，2019：136.

从"变"的一面去看，不要说人生，这世界也不能久存；但从"不变"的一面看，则某一物总是某一物，不能被误为他物，我总是我，不会混同于他人，所以物也好，我也好，都是永恒的。①

看来，朱刚先生的意思主要是：把我们眼见之月，如实地看成变之月，缺月是月，圆月也是月；而作为总名之月，则看成不变之月，近一千年前苏轼所见之月，我们今天仍称之为月。这不就是：自月之变者而观之，月曾不能以一瞬，月如此，天地也莫不如此；自我们对它之称谓看，物和我和天地皆不变者也；自此观之，当然物与我皆无尽也，"月"如此，"人"如此，天地亦复如此。——这其实是把实物与概念区分开来，变成了两个对象，再以实物之变与概念之不变，来替代物与我变的一面和不变的一面。所以，要做到这一点，一个必需的前提条件是在肯定物与我之变时，先就要将"总名"从我们的认知中"去掉"，否则就不变了。这在实际上是难以真正办到的。若问"房间里的灯亮了没有？"，这就违规了，因为"房间"和"亮"都是去不掉的"总名"，而一去掉"总名"，我们就几乎无法开口说话了。而且，凡物与人，必有仅仅属于此物此人的特点，于是他或它就永恒了。——我

① 朱刚.苏轼十讲[M].上海：上海三联书店，2019：136-137.

觉得这也有偷换概念之嫌:"吾"所哀者是一个个具体的人的生命瞬息间就会消失(即变得太快了);得到的回答是,人和物由于都有自己的特点,因此就"永恒"了,不变了!我想,"永恒"是时间概念,而"变"与"不变"是人、物自身存在的状态,永恒可以说明存在之"变"这一状态的延续性,难道又可以同时论证存在之"不变"的状态吗?好像于理难通。

我以为,一个个具体的人的生命不可能永久不变,有生必有死,永久不变是绝对不可能的!或有人认为:人和物最后都要回归自然,最终归于同一永恒。这,我能理解也很赞同,但这和一个个具体的人的生命所谓永远不变完全是两码子事,不应混为一谈。变,是万物和人类共同的本质。苏东坡的《赤壁赋》认为具体的人的生命在变的同时,提出有不变的一面,这从道理上讲,是完全讲不通的。生命不是恒量,而是矢量,是有方向的,从生到死不可逆转,是一次性的,不能像众多万物那样可以"再生"。我总觉得,东坡似错把物与具体的人之生命等量齐观了。这就在不知不觉中忽视了一个常识:水、月"无尽"而一个个具体的人之生命是有"尽"的,"人生七十古来稀""生年不满百",这类生命常态,处处可见,怎能"无尽"?由此,我曾经执拗地以为《赤壁赋》说"吾""我"的生命有不变的一面,东坡此处实有诡辩之嫌,觉得既然"天地曾不能以一瞬",那就别作不切实际的幻想，以所谓生命之"无尽"来安慰自己，无论是种豆南山下还是长啸东窗前，都比无望地哀叹生之须臾要来得强。

然而我并没有停止我的思考和探索。就在我日思夜想未得究竟之际，我看到了叶嘉莹先生的有关解释，兴奋不已：

今年的花落了，明年仍然再有花开；今年的草枯黄了，明年仍然还会碧绿，万物是无穷尽的，宇宙永远如此。可是，宇宙万物虽然是无穷尽的，然而我们人生是有穷尽的，是短暂的，为什么东坡却说万物与我都是无穷尽的呢？

因为我们人类的生命之流，是由我们子子孙孙的生命来延续的。不但我们肉体的生命有这样的延续，我们精神上的生命，我们所接受的一切的思想都是古人遗留给我们的。也许一个人在不知不觉之间所说的一句话、所做的一件事、所写的一篇文章都影响到千年万世之后的人。所以从不变的一方面来看，东坡说万物与我都是无穷尽的，他说："而又何羡乎！"他劝他的朋友，你又何必羡慕那无穷的长江呢，人类的生命同样是无穷的。①

我觉得这是真正针对"吾"之生命也是"无尽"的解释。由此，我忽然想起十一年前在自己的博客上写的一篇题

①　叶嘉莹.迦陵讲赋[M].北京：中华书局，2019：221.

为"你不想不朽也不可能"的博文，对于思考一个个具体的
人的生命是否有"无尽"的问题，或许多少有点参考价值。
兹将有关部分摘引如下：

　　七十二岁了，过眼烟云不少，过"脑"烟云甚至更多。
近年来，有一点想法总是挥之不去：世间任何人，哪怕刚刚
出生，就已经在参与历史的创造，就已经留下了不朽的印
记，即使你不想不朽也已经是不可能的了。

　　我想，宇宙应该就是一个无始无终、无边无际的网络，
地球则是此网络中的一个节点；而世界本身也是一个网络，
任何一个人也无不都是这网络中的一个节点。于是我又想起
了所谓"蝴蝶效应"，据知，对于这个效应最常见的阐述是：
"一个蝴蝶在巴西轻拍翅膀，可以导致一个月后得克萨斯州的
一场龙卷风。"说得具体一点，就是：在南美洲花园里一只
蝴蝶的一次振翅，让一朵花的花粉飞散，使一位赏花者打了
一个喷嚏，这个喷嚏引起一阵风，这阵风改变周围的气流，
使空气的正常循环被破坏，从而使空中的气压不稳，致使常
规的大气循环被破坏，最终引起太平洋上的一场飓风。故事
想要表达的意思是：即使是一件微不足道的事，也会带来让
人意想不到的后果。依次推理，只要你曾经在这个地球上活
过，你的一举一动一言一行都会波及整个网络；也就是说，
作为网络的一个节点，不管是否自觉；不问你的年龄，哪怕

你刚呱呱坠地；不问你的地位、学问、才能、财富等等，哪怕你是一介平民、一字不识、一文不名、一无所长；整个社会、整个世界、整个历史都将因你而有所不同。因此人人永垂不朽。但不朽的是你作为人的存在，而未必是你的名字。

有所谓"人死留名"的说法。人的生命是短暂的，但人又往往都想超越"短暂"而永生，于是试图通过"留名"来弥补。"名者，实之宾也。"不求实而只求其宾，未见其智。实至而名归，大致如此，但不绝对。实至而名不归者，所在多是。我们日常生活几乎必不可少的剪刀是谁发明的？不知道吧？更有甚者，恐怕人们几乎不大会想起"剪刀是谁发明的"这个问题。"剪刀是从前的一个人发明的"，"从前的一个人"与"张三""李四"相比，又有什么实质的差别呢？"他"为自己曾经发明了剪刀而付出过高兴过，这就得了。何必为自己的名字是否为人所记得而烦恼呢？求实，成与不成，都可心安。为名而务实，或则由于动机不纯而往往使其所得之名受损，或则由于动机不纯导致动力不足半途而废。万一实至而名不归，怎么办？

其实，人充其量只能在部分人中留名于一时，历史把你忘掉几乎是当然的事。请千万勿为此操心；但它一定会融进你的努力，而且不管你是否在意、出力大小。因此，绝对不要太把自己当回事，而一定要把自己的努力当回事。

有朋友问，初生婴儿难道也已参加历史的创造了吗？我的回答：是的！因为他或她的出生肯定会影响他或她父母的情绪，从而影响他们的行为；这种影响甚至在得知怀孕的那一刻就已出现。

《赤壁赋》里苏子所说"客亦知夫水与月乎？……"这段话里，"物"当指水与月，"我"当指与物相对的你我等人。是的，我你活在世上，一举一动对社会都必将产生永久性的影响而不会消失，即使某一家族传承可能不幸中断了，但其家族中的人曾经的所作所为也都将留下永恒不朽的印记。任何人的肉体生命都是有限的，都将随着死亡而消失；但任何一个人给社会、给历史所留下的印记必将永远存在，换言之，是"无尽"的。对人生的这一理解，似乎比单纯着眼于肉体生死进了一步。故此，东坡此论并非诡辩。当然他真正想要告诉我们读者的是，"且夫天地之间，物各有主，苟非吾之所有，虽一毫而莫取。惟江上之清风，与山间之明月，耳得之而为声，目遇之而成色，取之无禁，用之不竭，是造物者之无尽藏也，而吾与子之所共食。"食，《文集》注曰"犹言享也"。显然他已在一般世俗生活之外发现了一个在与大自然对话中享受人生的新的自我。而要能在与大自然对话中享受人生，就必须明白苏子讲的这一道理："夫天地之间，物各有主，苟非吾之所有，虽一毫而莫取。"凡财富、功名、权位、名誉等等非吾之所有者，"虽一毫而莫取"，这样，精神空间就真的打开了，于是能够尽情享受接纳"江上之清风，与山

间之明月"等"造物者之无尽藏",这就是所谓审美的人生。对此一境界,东坡自己亦有所阐释。他在《与子明兄一首》中写道:

> 吾兄弟俱老矣,当以时自娱。世事万端,皆不足介意。所谓自娱者,亦非世俗之乐,但胸中廓然无一物,即天壤之内,山川草木虫鱼之类,皆是供吾家乐事也。如何!如何!①

此信亦作于黄州,正好与《赤壁赋》互相呼应,互相发明。

享用审美的人生,知易行难。我以为,可以把赋中的"苏子"与"客"理解为两个艺术形象,并不完全是现实生活中两个真实存在的人的写照;因为人生要达到苏子所描述的纯净境界确实并不容易,"苏子"的境界往往只能是一种理想,而"客"之"哀"与"羡"却几乎是人们常有的慨叹。"苏子"和"客"其实都是苏轼自己的化身,"苏子"是理想的苏东坡,"客"则是现实生活中难免也会出现的另一个苏轼。《赤壁赋》的写作也可看作苏轼对自己的教育,即以理想来化解自己现实中的苦恼。最起码的,人要吃饭,只这一条就把多少人拦在果腹的门外。有饭吃了,事情不是就好办了,而

---

① 苏轼撰,茅维编,孔凡礼点校.苏轼文集:第五册[M].北京:中华书局,1986:1832.

是更难办了，因为人实难抵御人性的自私与贪婪，能够真正
做到"苟非吾之所有，虽一毫而莫取"者，天下能有几人？
于此，人应该有自知之明，自制之严。苏东坡当然也非完
人，但一生基本上确已经做到自觉坚持以对人之仁、对民之
爱为至上的原则。

3. 进入中枢，出知杭州

自黄州贬所放还至绍圣元年贬英州再贬惠州前（1084 —
1094）这约十年期间，特别是开头的五年，为我们了解苏轼
在中央高层任职期间思想情感的动态提供了一个最好的视
角。若着眼于他起起落落的从政生涯，这一阶段到达了最
高点。

他离开黄州之初，想的还是"筑室荆溪之上而老矣"①，
但实际上并不拒绝再被任用，《谢量移汝州表》开头就说"稍
从内迁，示不终弃"，结尾部分又说"岂谓草芥之贱微，尚烦

---

① 苏轼撰，茅维编，孔凡礼点校.苏轼文集：第四册[M].北京：中华书局，
1986：1486.

朝廷之纪录。开其恫悔，许以甄收"。可见他心里原来最关切的还是今后能否再度被起用的问题，现在似乎看到了希望，于是报答圣恩的心思油然而生，但也只能表示"徒有此心，期于异日"。①于是又上《乞常州居住表》，因有薄田在宜兴而再度请求"许于常州居住"。②让他喜出望外的是书"朝入，夕报可"，看出神宗对他还是颇有好感颇为眷顾的。然而，造化弄人，就在这一当口儿上，神宗去世了。局势接下去如何发展，实难预料。我始终觉得苏轼因在"乌台诗案"中得以不死，现在得以量移汝州，再又许住常州，日后起复确有较大的可能，不难理解他对神宗还是心怀感激的。现在随着神宗驾崩，他的希望也归于破灭。他在《神宗皇帝挽词三首》中写自己今后的生活，有如"病马空嘶枥，枯葵已泫霜。余生卧江海，归梦泣嵩邙"③，既痛悼先帝早逝，也慨叹个人命运坎坷。一个"空"字，其中有几多无奈几多遗憾！这种感情在给王巩私人信件里写得更加直白："无状坐废，众欲置之死，而先帝独哀之，而今而后，谁复出我于沟

① 苏轼撰，茅维编，孔凡礼点校.苏轼文集：第二册[M].北京：中华书局，1986：656-657.

② 同①657.

③ 苏轼撰，王文诰辑注，孔凡礼点校.苏轼诗集：第四册[M].北京：中华书局，1982：1338.

渎者。已矣，归耕没齿而已。"①

这封给王巩的信，对于了解东坡当时的心情乃至整个精神世界至关重要。首先是为人之坦诚，他毫不含糊地告诉世人：他不愿意沟渎一生，归耕没齿。同时，他也有高出于此的原则，这就是对黎民百姓真挚深沉的爱，为此，他穿越了常人因其不易而不想、不愿穿越的坎坷，也放下了常人实在难以放下的一切，而且无怨无悔。《心经》中的咒语"揭谛揭谛，波罗揭谛"，有的译作"去吧，去吧，到人生的彼岸去吧"；有的译作"打开真理，打开真理。打开宇宙与真理之门"。总觉缺了一点最要紧的什么。后来看到一种译文是"放下吧！放下吧，放下你原本的一切"，有豁然开朗之感。东坡之高尚伟大，不在明白"去吧"，而在心里真正"放下"！而且，我要特别说明的是，东坡对原本没有放下的东西和不少人一样有着深深的眷恋，或者说这一切对他和常人一样也有巨大的诱惑，如功业、名位等等。东坡的高尚伟大，不是他可以像轻松吹走衣袖上的灰尘一样吹走他的眷恋，摆脱它的诱惑，而是为了他心中必须坚守的原则能够决绝地割舍原本所眷恋的、对他颇有诱惑的一切，因能真正放下而能真正"去吧"，终于到达高尚伟大的人格巅峰！看，

---

① 苏轼撰，茅维编，孔凡礼点校.苏轼文集：第四册[M].北京：中华书局，1986：1522.

"而今而后，谁复出我于沟渎者？已矣，归耕没齿而已！"
又是何等的绝望！但是，不管诱惑多大，自己何等眷恋，他
还是放下了。请看作于元丰八年的《归宜兴，留题竹西寺
三首》①：

其一

十年归梦寄西风，此去真为田舍翁。

剩觅蜀冈新井水，要携乡味过江东。

其二

道人劝饮鸡苏水，童子能煎莺粟汤。

暂借藤床与瓦枕，莫教辜负竹风凉。

其三

此生已觉都无事，今岁仍逢大有年。

山寺归来闻好语，野花啼鸟亦欣然。

诗中洋溢着放下的欢快，充满对日后生活的美好想象。因
绝望而放下，由放下而轻松，可能会让人感叹他转得好快

---

① 苏轼撰，王文诰辑注，孔凡礼点校.苏轼诗集：第四册[M].北京：中华书
局，1982：1346－1348.

哦！——类似的疑惑并非完全没有理由，但我要想说的是，东坡不是由 0 转到 1，而是由 0.1 甚至是 0.2、0.3 转到 1。这话怎讲？我们曾在上文提及他和弟弟早在出仕前甚至在应考前就已经有及早归隐的打算，只是先得做一番事业；现在虽然已经有过尝试，但与原先的预期尚有不小的差距，然而却非个人一己的原因而夭折，本人并无罪错，而且个人也无法改变。那就干脆认命归去做个田舍翁吧！诗中"真为"两字不应轻易放过，因从前曾多次有"为田舍翁"的愿望和打算，现在"真为"又有何不可甚至有何不好，应当庆幸才是！

　　然而命运还要再次考验他，或者说是要进一步成就他做一个完整的、完全的、完美的苏东坡，便置他于尚未经历和体验的中枢高层位置，让他尝尝它的滋味，看看他的想法、心情和作为。

　　可是滋味似乎并不太好。

　　他最初以礼部郎中召还，没过几天就升为起居舍人，很快又先后升为中书舍人、翰林学士、知制诰。乘的简直就是直升机。不过他头脑始终是清醒的——当然偶尔也有迷糊的时候，下文会专门谈到。——先且看他一系列给朝廷和皇上谢表中的表白：

《到常州谢表二首》：

向非先帝之至明，岂有余生于今日。①

《登州谢上表二首》：

恭惟先帝全臣于众怒必死之中，陛下起臣于散官永弃之地。没身难报，碎首为期。②

《辞免起居舍人第一状》：

臣……起于罪废之中，未有丝毫之效。骤升清职，必致烦言。愿回虚授之恩，庶免素餐之愧。所有告身，不敢祗受。③

《辞免起居舍人第二状》：

伏念臣受性褊狷，赋命奇穷。既早窃于贤科，复滥登于册府。多取天下之公器，又处众人之所争。若此而全，从来未有。今者出于九死之地，始有再生之心。④

---

① 苏轼撰，茅维编，孔凡礼点校.苏轼文集：第二册[M].北京：中华书局，1986：658.

② 同①660.

③ 同①661.

④ 同③.

《谢中书舍人表二首》：

谓臣尝受先朝之知，实无左右之助。弃瑕往昔，责效将来。①

《谢中书舍人表二首（之二）》：

臣本受知于裕陵，亦尝见待以国士。嘉其好直，许以能文。虽窜谪流离之余，决无可用；而哀怜收拾之意，终不少衰。抱弓剑以长号，分簪履之永弃。岂期晚遇，又过初心。②

《辞免翰林学士第二状》：

天地之恩，义无所谢；父母之训，理不可违。而臣至愚，尚守所见。再倾微恳，不避重诛。非独以学问荒唐，文词鄙浅，已试无效，如前所陈。实以劳旧尚多，必有积薪之诮；兄弟并进，岂无连茹之嫌。诚不自安，非敢矫饰。③

感念先帝，效忠朝廷，都出自肺腑，极其真诚。尤其是最后

---

① 苏轼撰，茅维编，孔凡礼点校.苏轼文集：第二册[M].北京：中华书局，1986：663.

② 同①.

③ 同①664.

一条，提及"积薪（喻选用人才后来居上）之诮""连茹（表示擢用一人而连带起用与其关系密切的其他人）之嫌"，并非多虑，可谓看得透彻，想得周到。

东坡这一阶段的思想情况，真的只有"复杂"两字可以概括：自身思想的多种因素相互交错与影响，外在环境的复杂及变化与自身思想种种因素又相互交错，相互影响，特别是表现在官场进退问题上；而我们对相关情况的了解又不能不受到史料的局限，只能了解一个大概。

着眼于外在环境的变化，大体上在司马光去世前后可以划分为两个阶段。之前，变法与反变法虽尚在继续，但由于保守派暂时处于优势，表面上看似乎波澜不惊，实际上变法派仍在积蓄力量，准备随时反扑；而且这两派斗争的焦点实际上已不在变法，而在权力与利益。出乎意料的是，当时当政的是苏轼所一直尊重的保守派领袖人物司马光，两人居然也发生了矛盾，其事在前文已有提及。简单说来，这是由于司马光不分青红皂白全盘、彻底地否定新法，和苏轼虽对新法基本否定却坚持保留少数便民条款此二者之不同引起的。苏轼由于原先的雇役法导致执法者往往过取，成为民病，主张继续沿用王安石的免役法，却遭到司马光的坚决反对，甚至不让苏轼有充分论述其理由的机会。这位"司马牛同志"实在太过执拗，太过意气用事。而我们的东坡先生却因其"便民"而坚决坚持到底；

若能"聪明"一点、"灵活"一点、"策略"一点、"退让"一点，既顾全了"大局"，同时又可因顺从当政者而获得包括个人升迁等方面的种种好处，何乐而不为？然而苏轼就是不愿为了别的一切而放弃"便民"至上的从政信念，真的不够"聪明""灵活""策略"，什么官不官的、升不升的一概不予理会！是的，他想建功立业，他想功成名就，不愿没齿于沟渎，但在他的精神世界中有着远远高于这些他和常人相同之所"想"者。这次矛盾虽终以司马光一笑而止，但事情并未就此了结。苏辙《亡兄子瞻端明墓志铭》："公知言不用，乞补外，不许。君实始怒，有逐公意矣，会其病卒乃已。"

司马光去世后，苏轼并没有停止与不怀好意的变法派的斗争。当时郓州州学教授周穜，原任江宁府右司理参军，经由苏轼举荐，调任现职，居然提出王安石应配享神宗。于是苏轼上《论周穜擅议配享自劾札子》：

窃以安石平生所为，是非邪正，中外具知，难逃圣鉴。先帝盖亦知之，故置之闲散，终不复用。今已改青苗等法，而废退安石党人吕惠卿、李定之徒，至于学校贡举，亦已罢斥佛老，禁止字学。大议已定，行之数年，而先帝配享已定用富弼，天下翕然以为至当。穜复何人，敢建此议，意欲以此尝试朝廷，渐进邪说，阴唱群小，此孔子所谓"行险侥幸，居之不疑"者也。①

在札子中，苏轼痛责自己"谬于知人"，"谨自劾以待罪"。
此后，苏轼仍不断有与变法相关的建议和主张提出来，不过
最让苏轼耗费精神不胜厌烦的还是原本反对新法的人对他的
围攻。《亡兄子瞻端明墓志铭》接着写道："时台谏官多君实
之人，皆希合以求进，恶公以直形己；争求公论周穜瑕疵，
既不可得，则因缘熙宁谤讪之说以病公，公自是不安于朝
矣。"此时原来反新法阵营的内部已分化为洛党、蜀党、朔
党。虽名为"党"，却无一定的政纲党规，甚至连松散的组织
也没有，只是一群群志趣相投的朋友抱成一团而已，并且带
有地域色彩，从其名"洛""蜀""朔"可知。三党的斗争有的
颇为复杂、尖锐，有的则根本无关大局。最典型的一例就是
由于一句幽默的玩笑话引起的洛蜀矛盾。

明堂降赦，臣僚称贺讫，两省官欲往奠司马光。程颐言
曰："子于是日，哭则不歌。岂可贺赦才了，即往吊丧？"坐
客有难之曰："孔子言哭则不歌，即不言歌则不哭。"苏轼遂
戏程颐曰："此乃枉死市（原注：可能是北宋当时流行的俗

---

① 苏轼撰，茅维编，孔凡礼点校.苏轼文集：第三册［M］.北京：中华书局，
　1986：832.

语，以比喻不合情理）叔孙通所制礼也。"众皆大笑。结怨之端，盖自此始。①

另有记载说是苏轼以"燠糟鄙俚"嘲笑程颐。子瞻戏曰："颐可谓。"闻者笑之。燠糟鄙俚，《苏东坡轶事汇编》注云："比喻乡野的意思。"程颐是理学大家，但在这件事上确实太冬烘了一点。这里，就算苏轼他们与孔夫子的要求有所出入，也毕竟不是什么了不得的原则大事，不必过于计较，他们却从此和苏轼结下梁子。规矩过严，往往容易应付了之，从而走上缺乏真诚的伪善之路，这自古以来似乎都难有例外。我觉得苏轼基于"天下无一个不好人"的观念，为人通达、豪爽、幽默，心里其实并无丝毫恶意。他讥笑程颐是"燠糟鄙俚叔孙通"，在前引他给王定国的信里，不是曾"欲自号鏖糟陂里陶靖节"吗？有侍御史论勿大用苏轼，说"若使量窄识暗喜怒任情如轼者预闻政事，则岂不为圣政之累耶！"②什么"量窄识暗"，真是门缝里看人，但"喜怒任情"却还是有那么一点影子的。如果政治就是党派斗争，苏轼确实不是当官从政的合适材料，他从根本上厌恶这种斗争。开始为了朝政的清明，他还坚持揭露与批判他们，后来就只想独善其身，

① 颜中其.苏东坡轶事汇编[M].长沙：岳麓书社，1984：109.

② 孔凡礼.苏轼年谱：中[M].北京：中华书局，1998：791.

一走了之。

　　有关党争的事，有一件非常典型的事例源自苏轼所出的一张试卷。《桯史》有如下记载：

　　东坡先生元祐中以翰苑发策试馆职，有曰："今朝廷欲师仁祖之忠厚，惧百官有司不举其职，而或至于偷；欲法神考之励精，恐监司守令不识其意，而流入于刻。"左正言朱光庭首擿其事，以为不恭。御史中丞傅尧俞、侍御史王岩叟交章劾奏，一时朝议哗然起。①

　　实在地说，我是怎么看都看不出苏轼所出题目有对仁宗神宗"不恭"之处，但朱光庭等为了打击苏轼，从中居然摘出个别文字罗织苏轼对皇上"不恭"的恶意，并且引起"朝议哗然"！侥幸的是当政的宣仁后"详览"之后为苏轼作了辩白：

　　宣仁临朝，为之宣谕曰："详览文意，是指今日百官有司监司守令言之，非是讥讽祖宗。"纷纷逾时始小定。既而亦出守。绍圣崇宁治党锢，言者屡以借口，迄不少置也。②

---

①　颜中其.苏东坡轶事汇编[M].长沙：岳麓书社，1984：113.

②　同①113-114.

上文提到过的"山寺归来闻好语，野花啼鸟亦欣然"也被政敌贾易等攻讦苏轼是因神宗去世而"作诗自庆"，不惜一切手段一心要陷苏轼于大逆不道之死罪，可见苏轼当时所处政治环境之凶险。

另有一个不能不举的例子。上文提到过的王巩（字定国），是北宋著名诗人、画家。他官位不高，但品格正直，为时人所敬重。他是苏轼的挚友，因受到苏轼"乌台诗案"的牵连，远贬南荒三年，一子死贬所，一子死于家，他自己亦病几死。李焘《续资治通鉴长编》卷四百五十九：刘挚说王巩"昔坐事窜南荒三年，安患难，一不戚于怀，归来颜色和豫，气益刚实，此其过人甚远，不得谓无得于道也"①。由于他"跌宕傲世，好臧否人物，其口可畏，以是颇不容于人，每除官，辄为言者所论，故终不显"。②元祐三年，当时台谏为了打击苏轼，又把王巩拿出来开刀了。为此，苏轼写了《辨举王巩札子》——事情虽然并不太大，但也可见当时朝廷党争和苏轼处境之一斑，特别是苏轼这篇文章确实写得很好，辩驳十分到位，特别是"况巩此议，执政多以为非……则是巩之邪正，系光之存亡，非公论也"这一部分读来妙趣横生：

① 李焘.续资治通鉴长编：卷四百五十九[M].北京：中华书局，2004：10985.

② 陆心源.宋史翼：卷二十六[M].杭州：浙江古籍出版社，2016：622.

窃闻台谏官言巩奸邪，及离间宗室，因谄事臣，以获荐举。奉圣旨，除巩西京通判。谨按巩好学有文，强力敢言，不畏强御，此其所长也。年壮气盛，锐于进取，好论人物，多致怨憎，此其所短也。顷者窜逐万里，偶获生还，而容貌如故，志气逾厉，此亦有过人者。故相司马光深知之，待以国士，与之往返，论议不一。臣以为所短不足以废所长，故为国收才，以备选用。去岁以来，吏民上书盖数千人，朝廷委司马光看详，择其可用者得十五人，又于十五人中独称奖二人，孔宗翰与巩是也。巩缘此得减二年磨勘，仍擢为宗正寺丞。则臣之称荐，与光之擢用，其事正同。若果是奸邪，台谏当此时何不论奏。巩上疏论宗室之疏远者，不当称皇叔、皇伯，虽未必中理，然不过欲尊君抑臣，务合古礼而已，何名为离间哉！况巩此议，执政多以为非，独司马光深然之，故下礼部详议。又兵部侍郎赵彦若，亦曾建言。若果是离间，光亦离间也，彦若亦离间也。方行下有司时，台谏初无一言，及光没之后，乃有奸邪离间之说，则是巩之邪正，系光之存亡，非公论也。巩与臣世旧，幼小相知，从臣为学，何名"谄事"？三者之论，了无一实。上赖圣明不以此罪巩，亦不以此责臣，止除外官，以厌塞言者之意。臣复何所辨论。但痛司马光死未数月，而所贤之士变为奸邪，又伤言者本欲中臣而累及巩，诬罔之渐，惧者甚众。是以冒昧一言，伏深战越。①

除此之外，苏轼的对立面类似用心险恶、手段下作的例子不少，只因篇幅所限，只得就此打住。总之，若说元丰间政敌攻击苏轼讪谤朝政多少还有一点依据，而到了元祐间同属反新法旧党的朱光庭、贾易之流，出于对苏轼才学、威望的嫉妒，为了一己之私，编造罗织，造谣诬蔑，则几乎无所不用其极。苏轼在处理本职政务（如请罢青苗钱、探讨解决冗官问题等等）的同时，还不得不去对付这班小人，而后果之一就是引发了政敌更多的仇恨与算计。因此，他这几年总是接连不断地自退乞郡。翻查年谱，有关记载不时可见，如某年月日"除兼侍读，上辞免状"；某年月日"上章，乞补外，留中不出"；元祐三年十月十七日的一条比较集中："……坚乞一郡。先是乞郡，朝廷遣使存问，赐告养疾，不允，至是乃坚乞，亦不允。"

他这期间也少不了写诗词。说到诗，似乎有必要说说《送子由使契丹》。元祐四年子由出使辽国，东坡写了如下一首诗：

---

① 苏轼撰，茅维编，孔凡礼点校.苏轼文集：第三册[M].北京：中华书局，1986：830-831.

送子由使契丹

云海相望寄此身，那因远适更沾巾。

不辞驿骑凌风雪，要使天骄识凤麟。

沙漠回看清禁月，湖山应梦武林春。

单于若问君家世，莫道中朝第一人。①

这首诗后人注解不少，也似乎都往好里说。如《唐宋诗醇》以为"末用唐李揆事，非以第一人相矜夸，正是临别而望其遄归之意"。《诗集》注引《新唐书·李揆传》：李揆曾被用为入蕃会盟使。"揆至蕃，酋长曰：'闻唐有第一人李揆，公是否？'揆畏留，因绐之曰：'彼李揆安肯来耶？'"②当代有苏诗选注本说，最后一句"旨在使异域知道中国人物之盛。并示意应变，怕被敌国扣留"③。网上还有的说："这首诗以送别为题，写出苏轼对子由出使辽国的复杂心理，一再劝勉，谆谆嘱咐，殷殷盼归。语言平实，自然流畅，属对工稳，用事精警。写寻常之题材，寄兄弟之亲情，明国家之大义，实乃苏诗中抒写爱国情怀之佳作。""苏氏一门，尤其是

---

① 苏轼撰，王文诰辑注，孔凡礼点校.苏轼诗集：第五册[M].北京：中华书局，1982：1647-1648.

② 同①1648.

③ 陈迩冬.苏轼诗选[M].北京：人民文学出版社，1984：234.

苏轼在契丹声名尤著，故化用此典，说明中原人才众多，不止苏氏。"诸种说法，不一而足。

对这首诗，特别是尾联两句自封家世为"中朝第一人"，我每次看着，总觉不是滋味。当然他这样写，从历史看，其动机有可理解的一面。但此时北宋和辽由于双方实力相对平衡，尚处于比较稳定的和平状态，被辽国扣留的概率极小，几乎没有，而得意之情却溢于言表，好像"中朝第一人"已经司法公证，是可以随意取用的囊中之物，这是不是显得有点得意忘形了吗？似乎叮嘱阿弟倒在其次，真实意旨却在自我表扬。即使出于万全的考虑，提醒弟弟注意防范，也应该而且完全可以通过它途叮嘱之，何必写入诗中？我只能说东坡也是人，也难免人性的弱点。苏轼的伟大不在于他完全没有人性的弱点，而在于他往往总是能够战而胜之。总的来看，他一直以来应该说还是有自制之严的。东坡之所以是东坡，不是由于他的心底洁净无比，其实他和我们常人一样也有并不完全洁净的东西。

但另有一事，我却以为是当时有人误会甚至厚诬了他，不得不用一点篇幅说明之。《风月堂诗话》：

> 东坡知贡举。李廌方叔久为东坡所知，其年到省，诸路举子人人欲识其面，考试官莫不欲得方叔也，坡亦自言有司以第一拔方叔耳。既拆号，十名前不见方叔，众已失色，逮

写尽榜，无不骇叹。方叔归阳翟，黄鲁直以诗叙其事送之，东坡和焉。如"平生慢设古战场，过眼真迷日五色"之句，其用事精切，虽老杜、白乐天集中未尝见也。①

东坡所作之诗如下：

> 余与李廌方叔相知久矣，领贡举事，
>
> 而李不得第，愧甚，作诗送之
>
> 与君相从非一日，笔势翩翩疑可识。
>
> 平生谩说古战场，过眼终迷日五色。
>
> 我惭不出君大笑，行止皆天子何责。
>
> 青袍白纻五千人，知子无怨亦无德。
>
> 买羊酤酒谢玉川，为我醉倒春风前。
>
> 归家但草凌云赋，我相夫子非癯仙。②

王文诰按语中录有东坡"领贡举事"时作弊的传闻，虽遭王痛批，心中也以为东坡绝无此事，但毕竟也是一面之词。由

---

① 朱弁撰，陈新点校.冷斋夜话　风月堂诗话　环溪诗话［M］.北京：中华书局，1988：104－105.

② 苏轼撰，王文诰辑注，孔凡礼点校.苏轼诗集：第五册［M］.北京：中华书局，1982：1568－1570.

于事关东坡品格、名节，实有必要追查到底以了解真相。于是查书。

《宋稗类钞·科名》：

> 元祐中，东坡知贡举，李方叔就试。将锁院，坡缄封一简，令送方叔。值方叔出，其仆受简置几上。有顷，章子厚二子曰持、曰援者来，取简窃观，乃扬雄优于刘向论一篇。二章惊喜，携之以去。方叔归，求简不得，知为二章所窃，怅惋不敢言。已而果出此题，二章皆模仿坡作。方叔几于阁笔。及拆号，坡意魁必方叔也，乃章援。第十名文意与魁相似，乃章持。坡失色。二十名间一卷颇奇，坡谓同列曰："此必李方叔。"视之乃葛敏修。时山谷亦预校文，曰："可贺内翰得人。此乃仆宰太和时，一学子相从者也。"而方叔竟下第。坡出院闻其故，大叹恨，作诗送其归。所谓"平生漫说古战场，过眼终迷目五色"者是也。其母叹曰："苏学士知贡举，而汝不成名，复何望哉？"抑郁而卒。①

细节越被写得活灵活现，我往往就越会怀疑它的真实性；当

---

① 潘永因编，刘卓英点校.宋稗类钞：上册[M].北京：书目文献出版社，1985：123.

然我心里也十分希望这是失实的传闻！于是继续查书。发现
《老学庵笔记》卷一〇中有此条目，大喜过望！可结果是：

> 东坡素知李廌方叔。方叔赴省试，东坡知举，得一卷
> 子，大喜，手批数十字，且语黄鲁直曰："是必吾李廌也。"
> 及拆号，则章持致平，而廌乃见黜。故东坡、山谷皆有诗在
> 集中。初，廌试罢归，语人曰："苏公知举，吾之文必不在三
> 名后。"及后黜，廌有乳母年七十，大哭曰："吾儿遇苏内翰
> 知举不及第，它日尚奚望？"遂闭门睡，至夕不出。发壁视
> 之，自缢死矣。廌果终身不第以死，亦可哀也。①

看来不是孤证了，但还是于心不甘：东坡怎么会做如此之
事？翻来查去，真是"众里寻他千百度，蓦然回首，那人却
在，灯火阑珊处"。是钱建状先生 2008 年 5 月发表于《浙江
大学学报（人文社会科学版）》的《苏轼元祐三年科场舞弊案
辨伪——兼论李廌落第原因》一文，其资料之丰富，态度之
中正，论证之严密，结论之审慎，真正把我给征服了，井底
之蛙终于见到了辽阔天空，浩瀚海洋。因其文篇幅过长，不
能照引，兹概述其关键要点：北宋元祐年间，党争不已。元
祐三年（1088）正月，苏轼被任命为主持这次考试的官员，

---

① 陆游撰，李剑雄、刘德权点校.老学庵笔记[M].北京：中华书局，1979：125.

可未入贡院，已有"任意取人"之传言弥漫朝野。李廌落第之后，苏轼有诗，"青袍白纻五千人，知子无怨亦无德"，直言此举参试人士太多，作为主考官，偶或遗贤，作为考生的李廌当能谅解；同时希望他潜心学问，并预言一定还有科场进身的机会。李廌也有为落第而作的诗，说："余生天地间，动辄多愿违"，"盐车初为脱，伯乐第兴悲"；后又有"平生功名众所料，数奇辜负师友责"，埋怨自己命运不济。《风月堂诗话》成书于绍圣十年（1110），系朱弁使金时所作，记忆稍误，但所记并未过于失实。而陆游之《老学庵笔记》，时间已到南宋中期后，或因年代久远，情节中颇杂虚构之辞。元祐六年（1091），李再次应试，又落第，故前引诗中有"数奇"之叹，并有绝意科名之念。作为主考官的苏轼虽与李相知已久，但仍能秉公行事，不应遭此厚诬。况且，北宋有严格的"锁院"制度，规定知贡举官接奉诏命，必须立即赴贡院，朝廷并派人监督，以避请求。《宋会要辑稿·选举》等文献亦详细记录了省试试卷要经过封弥、誊录、初考、复考、定号、奏号、拆号等科举考试程序，并由朝廷派专人负责。文中谓东坡私泄考题，清代查慎行直斥为"此举必章惇父子造为此语公"。苏轼为翰林期间，尝在信中评李廌所献之文曰："极为奇丽，但过相粉饰，深非所望，殆是益其病耳！"王文诰曰："方叔之文似未到岸，即（轼）再知举未见其必售也。"

钱先生的论证极为有力，读者只要不存偏见，是肯定会接受他的论断的。所可补充者是东坡《与李方叔书》云："累书见责以不相荐引，读之甚愧。然其说不可不尽。君子之知人，务相勉于道，不务相引于利也。足下之文，过人处不少，如《李氏墓表》及《子骏行状》之类，笔势翩翩，有可以追古作者之道。至若前所示《兵鉴》，则读之终篇，莫知所谓。意者足下未甚有得于中而张其外者；不然，则老病昏惑，不识其趣也。以此，私意犹冀足下积学不倦，落其华而成其实。深愿足下为礼义君子，不愿足下丰于才而廉于德也。若进退之际，不甚慎静，则于定命不能有毫发增益，而于道德有丘山之损矣。古之君子，贵贱相因，先后相援，固多矣。轼非敢废此道，平生相知，心所谓贤者则于稠人中誉之，或因其言以考其实，实至则名随之，名不可掩，其自为世用，理势固然，非力致也。"①我以为这是对所谓科场作弊案辩诬最有力的证据之一。

现在言归正传。这一时期的作品或唱和次韵，或送往迎来，似应酬居多，当然也免不了对归隐的向往，如作于元祐三年的《和子由除夜元日省宿致斋三首》：

① 苏轼撰，茅维编，孔凡礼点校.苏轼文集：第四册[M].北京：中华书局，1986：1420.

其一

江湖流落岂关天，禁省相望亦偶然。

等是新年未相见，此身应坐不归田。①

《书王定国所藏〈烟江叠嶂图〉》堪称佳作：

江上愁心千叠山，浮空积翠如云烟。

山耶云耶远莫知，烟空云散山依然。

但见两崖苍苍暗绝谷，中有百道飞来泉。

萦林络石隐复见，下赴谷口为奔川。

川平山开林麓断，小桥野店依山前。

行人稍度乔木外，渔舟一叶江吞天。

使君何从得此本，点缀毫末分清妍。

不知人间何处有此境，径欲往买二顷田。

君不见武昌樊口幽绝处，东坡先生留五年。

春风摇江天漠漠，暮云卷雨山娟娟。

丹枫翻鸦伴水宿，长松落雪惊醉眠。

桃花流水在人世，武陵岂必皆神仙。

江山清空我尘土，虽有去路寻无缘。

---

① 苏轼撰，王文诰辑注，孔凡礼点校.苏轼诗集：第五册[M].北京：中华书局，1982：1564.

还君此画三叹息，山中故人应有招我归来篇。①

一望而知，并非"山中故人应有招我归来篇"，而是"我欲重赋东坡躬耕篇"。此意在《如梦令·寄黄州杨使君二首》说得更加直白：

其一

为向东坡传语。人在玉堂深处。别后有谁来？雪压小桥无路。归去。归去。江上一犁春雨。

其二

手种堂前桃李，无限绿阴青子。帘外百舌儿，惊起五更春睡。居士。居士。莫忘小桥流水。②

不过，归耕东坡未成。由于苏轼一再乞求外任，元祐四年（1089）三月，终以龙图阁学士知杭州。

在朝的这几年，苏轼实在难有作为，且看到了杭州

---

① 苏轼撰，王文诰辑注，孔凡礼点校.苏轼诗集：第五册［M］.北京：中华书局，1982：1607-1608.

② 邹同庆，王宗堂.苏轼词编年校注：中册［M］.北京：中华书局，2016：583-586.

如何。

以前他在这里当过通判，他和杭州相互间都留下了很好的印象。这次来此履新，可谓真得其所也。他在给朋友的信里说："轼连岁乞补外，请越得杭，恩出望外，不独少便衰疾，亦遂安蠢拙矣！"①后来有友人以为不遇，他回答道："来书乃有遇不遇之说，甚非所以安全不肖也。某凡百无取，入为侍从，出为方面，此而不遇，复以何者为遇乎？"②谢表二首，兴奋鼓舞之情溢于言表："江山故国，所至如归；父老遗民，与臣相问。"有诗《与莫同年雨中饮湖上》：

到处相逢是偶然，梦中相对各华颠。
还来一醉西湖雨，不见跳珠十五年。③

在此任上，由于已是正职，不是通判，比上次来杭确实做了更多更大的惠民之事。但是政敌们并没有放过他，传说论奏他罪状甚多，只是由于陛下"曲庇"，不肯降出，故许外

---

① 孔凡礼.苏轼年谱：中[M].北京：中华书局，1998：866.

② 苏轼撰，茅维编，孔凡礼点校.苏轼文集：第四册[M].北京：中华书局，1986：1574.

③ 苏轼撰，王文诰辑注，孔凡礼点校.苏轼诗集：第五册[M].北京：中华书局，1982：1647.

补。——言外之意，苏轼请求外放，其动机是为了逃避对他罪责的追究，而朝廷允许外补，就是为了成全他逃避罪责的意图。事实究竟如何，苏轼又如何面对？先哲云：文，心学也。苏轼《乞将台谏官章疏降付有司根治札子》一文为我们了解他的内心世界打开了一面窗子。文中说：

臣本畏满盈，力求闲退，既获所欲，岂更区区自辩，但窃不平。数年以来，亲见陛下以至公无私治天下，今乃以臣之故，使人上议圣明，以谓抑塞台官，私庇近侍，其于君父，所损不小。此臣之所以不得不辩也。臣平生愚拙，罪戾固多，至于非义之事，自保必无。只因任中书舍人日，行吕惠卿等告词，极数其凶慝，而弟辙为谏官，深论蔡确等奸回。确与惠卿之党，布列中外，共仇疾臣。近日复因臣言郓州教授周穜，以小臣而为大奸，故党人共出死力，构造言语，无所不至。使臣诚有之，则朝廷何惜窜逐，以示至公。若其无之，臣亦安能以皎然之身，而受此暧昧之谤也？人主之职，在于察毁誉，辨邪正。夫毁誉既难察，邪正亦不易辨，惟有坦然虚心而听其言，显然公行而考其实，则真妄自见，谗构不行。若阴受其言，不考其实，献言者既不蒙听用，而被谤者亦不为辩明，则小人习知其然，利在阴中，浸润肤受，日进日深，则公卿百官，谁敢自保，惧者甚众，岂惟小臣。此又臣非独为一身而言也。伏望圣慈，尽将台谏官章疏降付有司，令尽理根治，依法施行。所贵天下晓然知臣有罪无罪，自有正法，不是陛下屈法庇臣，则臣虽死无所恨矣。夫君子之所重者，名节也。故有"舍生取义""杀身成仁""可杀不可辱"之语。而爵位利禄，盖古者有志之士所谓鸿毛敝屣也。人臣知此轻重，然后可与事君父，言忠孝矣。今陛下不肯降出台官章疏，不过为爱惜臣子，恐其万一实有此事，不免降黜。而不念臣元无一事，空受诬蔑，圣明在上，暗呜无告，重坏臣爵位，而轻坏臣名节，臣窃痛之。意切言尽，伏候诛殛。①

后面还有两条补充：

臣所闻台官论臣罪状，亦未知虚实，但以议及圣明，故不得不辩。若台官元无此疏，则臣妄言之罪，亦乞施行。

臣今方远去阙庭，欲望圣慈察臣孤立，今后有言臣罪状者，必乞付外施行。②

下面我们一起来探究一下，以进一步了解他的心灵轨

---

① 苏轼撰，茅维编，孔凡礼点校.苏轼文集：第三册[M].北京：中华书局，1986：838–839.

② 同①839.

迹。面对传言，怎么办？凭着我们对苏轼原有的认知，这当然不是承认与否的问题，而首先是要不要回应的问题。选择之一是：身正不怕影子歪，不和这帮小人一般见识，不予理睬。但他没走这条路，而是坚决予以回击！苏轼认为，对方诬蔑如果得逞，所关个人事小（"本畏满盈，力求闲退，既获所欲，岂更区区自辩"），因其所关皇帝、朝廷，"此臣之所以不得不辩也"。苏轼的这一选择，见出了他的道德高度，也见出了他的心胸宽度。

接下来的问题是如何回应。面对魑魅魍魉的伎俩，他应之以摊开于光天化日之下，并直接点明他和吕惠卿、蔡确、周穜等人的矛盾所在，道出他们"共出死力，构造言语，无所不至"的缘由。简言之，是以光明正大对付鬼鬼祟祟。由此可以见出苏轼面对邪恶的凛然正气。接下来，着眼于朝廷、皇帝当然的职责和应持的态度，端出了他的对策："伏望圣慈，尽将台谏官章疏降付有司，令尽理根治，依法施行。"这是全文最高点、最亮点。请注意"尽"——毫无保留也；"令"——必须执行也；"根治"——彻底追究也。至此，一个伟岸正直的形象自然而然屹立于读者的面前，闪烁着智慧与胆略。不过还没有完，最后文章还有更尖锐更有力的一笔，即对"陛下不肯降出台官章疏"的批评。在苏轼心目中"陛下"也是人，对人对事也都可能会有误判，因而也就可以批评。哈哈！当时至高无上的皇帝在客观上也做了苏轼的陪衬人！我还得啰唆一句的是，所附两条补充，可见苏轼的缜密，毕竟"台官论臣罪状"只是得之于"闻"。

不过，最后让我们失望不已的是，《经进东坡文集事略》在此文题下注"不报"两字①。但起码未治苏轼的"妄言之罪"，也算是没有完全失败吧。

《苏轼词编年校注》引《钱勰墓志铭》谓苏轼守杭时，钱勰与之"唱和往来无虚日，当时以比元、白"，看来诗兴甚浓。先看两首词作：

南歌子·八月十八日观潮，和苏伯固两首其二
苒苒中秋过，萧萧两鬓华。寓身此世一尘沙。笑看潮来潮去、了生涯。　　方士三山路，渔人一叶家。早知身世两聱牙。好伴骑鲸公子（指李白）、赋雄夸。②

点绛唇·杭州
闲倚胡床，庾公楼外峰千朵。与谁同坐。明月清风我。
别乘（别驾，此指他一位袁姓朋友）一来，有唱应须和。

① 苏轼撰，郎晔选注.经进东坡文集事略：下[M].北京：文学古籍刊行社，1957：617.
② 邹同庆，王宗堂.苏轼词编年校注：中册[M].北京：中华书局，2016：624.

还知么。自从添个。风月平分破。①

这段时间诗作更多一些，多篇堪称名作。如：

赠刘景文

荷尽已无擎雨盖，菊残犹有傲霜枝。

一年好景君须记，最是橙黄橘绿时。②

予去杭十六年而复来，留二年而去。平生自觉出
处老少，粗似乐天，虽才名相远，而安分寡求，
亦庶几焉。三月六日，来别南北山诸道人，而下
天竺惠净师以丑石赠行，作三绝句。

其一

当年衫鬓两青青，强说重临慰别情。

衰发只今无可白，故应相对话来生。

其二

出处依稀似乐天，敢将衰朽较前贤。

---

① 邹同庆，王宗堂.苏轼词编年校注：中册[M].北京：中华书局，2016：630.

② 苏轼撰，王文诰辑注，孔凡礼点校.苏轼诗集：第五册[M].北京：中华书
局，1982：1713.

便从洛社休官去，犹有闲居二十年。

其三

在郡依前六百日，山中不记几回来。

还将天竺一峰去，欲把云根到处栽。①

限于篇幅，兹不多引。总的看来，苏轼这约两年的心情都很
不错。这主要是由于生活比较充实，而且基本上都能依凭自
己的意愿，为百姓做自己想做或认为该做、必做的事。

我们且来看看这位名闻天下的大诗人是如何办公的：

东坡镇余杭，游西湖，多令旌旗导从出钱塘门。坡则自
涌金门，从一二老兵，泛舟绝湖而来，饭于普安院，徜徉灵
隐天竺间，以吏牍自随。至冷泉亭，则据案判决，落笔如风
雨，分争辨讼，谈笑而办。已，乃与僚吏剧饮。薄晚，则乘
马而归，夹道纵观太守。有老僧绍兴末年九十余，幼在院为
苍头，能言之。②

---

① 苏轼撰，王文诰辑注，孔凡礼点校.苏轼诗集：第六册[M].北京：中华书
   局，1982：1761-1763.

② 颜中其.苏东坡轶事汇编[M].长沙：岳麓书社，1984：172.

东坡办公，"笔落如风雨"，"谈笑而办"。看来他的行政才能并不亚于赋诗。而且，也可以说是真正做到了自觉地以行政、司法为做人，已进人文的境界。

上文提到东坡如何完满处理扇商还债的困难，兹再引一段也非常富于人情味的故事：

> 东坡先生出帅钱塘，初视事，都商税务押到匿税人南剑州乡贡进士吴味道，以二巨卷作公名衔，封呈京师苏侍郎宅。公讯问其卷内何物，味道恐慑而前曰："味道今忝冒乡贡，乡人集钱为赴省之赆。以百千就置建阳纱，得三百端；因计道路所经，场务抽税，则至都下不存其半。窃计当今负天下重名而爱奖士类，惟内翰与侍郎耳。纵有败露，必能情贷。遂假先生名衔，缄封而来；不知先生临镇此郡，罪实难逃。"公熟视，笑呼掌笺吏去其旧封，换题新衔，附至东京竹竿巷；并手寄子由书一纸，付之曰："先辈这回将上天去也无妨。"明年味道及第来谢，公甚喜，为延款数日而去。①

由于办事果断干脆，当日事当晚勾销，"唯其事无停滞，故居多暇日，可从诗酒之适"②。

---

① 颜中其.苏东坡轶事汇编[M].长沙：岳麓书社，1984：173.

② 刘永翔.清波杂志校注[M].北京：中华书局，1994：468.

再看赈济方面的作为。"《泊宅编》卷十谓东坡尤急于荒政，守杭，'米斗八十，已预行措置'。"①他一而再，再而三，三而四地连连上书反映灾情，要求及时采取措施，并提出具体建议。不过当时也有"不能无滥"的指责：

> 叔祖度支讳温叟，与子瞻同年，议论每不相下。元祐末，子瞻守杭州，公为转运使。浙西适大水灾伤，子瞻锐于赈济，而告之者或施予不能无滥，且以杭人乐其政，阴欲厚之。公每持之不下，即亲行部，一皆阅实，更为条画上闻，朝廷主公议。会出度牒数百，付转运司，易米给民，杭州遂欲取其半。公曰："使者与郡守职不同。公有志天下，何用私其州，而使吾不得行其职？"卒视他州灾伤重轻，分与之。子瞻怒甚，上章诋公甚力，廷议不以为直；乃召公还，为主客郎中。子瞻之志固美，虽伤于滥，不害为仁；而公之守，不苟其官亦人所难。见前辈居官，无不欲自行其志也。②

对此，似有可质疑之处。苏轼真因"杭人乐其政，阴欲厚之"？根据东坡一贯为人，似不可能。对此指责，东坡"怒甚"，上章反击；据《容斋五笔》卷七记载，当时官场往

---

① 孔凡礼.苏轼年谱：中[M].北京：中华书局，1998：923.

② 颜中其.苏东坡轶事汇编[M].长沙：岳麓书社，1984：175.

往忌讳言灾，如元祐五年："（苏轼与宰相吕汲公书）曰：'……八月之末，秀州数千人诉风灾，吏以为法有诉水旱而无诉风灾，闭拒不纳，老幼相腾践，死者十一人。由此言之，吏不喜言灾者，盖十人而九，不可不察也。' 苏公及此，可谓仁人之言。岂非昔人立法之初，如所谓风灾、所谓早霜之类，非如水旱之田可以稽考，惧贪民乘时，或成冒滥，故不轻启其端。今日之计，固难添创条式。但凡有灾伤，出于水旱之外者，专委良守令推而行之，则实惠及民，可以救其流亡之祸，仁政之上也。"①可见当时官吏确有瞒报灾情的情况，苏轼顾虑及此，在客观上或有个别"伤于滥"的现象，但不得以为苏轼有意为之，连叶梦得自己也说东坡"不害为仁"。

当然，我们还得来说说疏浚西湖的事。他说"杭之西湖，如人之有目。湖生荄葑，如目之有翳。翳久不治，目亦将废"②，几句话就把问题交代得清清楚楚。原定"百日奏功"，实际时间略有延长，为元祐五年九月。其实熙宁年间苏轼通判杭州时，访问民间疾苦，已有此意，但因种种缘故迁延至今。这次付诸实施，《东坡年谱》谓"自兴功至竣功，皆

① 洪迈.容斋随笔：下册[M].上海：上海古籍出版社，1978：892.

② 苏轼撰，茅维编，孔凡礼点校.苏轼文集：第五册[M].北京：中华书局，1986：1922.

躬亲之"。有关记载说:"筑新堤时,坡日往视之。一日饥,令具食,食未至,遂于堤上取筑堤人饭器,满贮其陈仓米一器尽之。大抵平生简率类如此。"在黄州躬耕,当然是为己。这次,朋友间就流传开了"视此民犹公民"的说法。他不仅仅是为民,同时他自己也自然而然地又一次开始成为了民。

最后非说不可的是他如何为百姓筹建医坊。苏辙《亡兄子瞻端明墓志铭》记载:

（元祐四年）岁适大旱,饥疫并作。公请于朝,免本路上供米三之一,故米不翔贵。复得赐度僧牒百,易米以救饥者。明年方春,即减价粜常平米,民遂免大旱之苦。公又多作饘粥、药剂,遣吏挟医,分坊治病,活者甚众。公曰:"杭,水陆之会,因疫病死,比他处常多。"乃裒羡缗得二千,复发私囊,得黄金五十两,以作病坊,稍蓄钱粮以待之,至于今不废。①

设安乐坊,应该说这是一个创举,了不得!尤其是"发私囊,得黄金五十两";后来,他的一位"友人以金五两、银一百五十两为赆,受而作友人之意舍之杭州病坊"②。他凭什么

---

① 苏辙撰、陈宏天、高秀芳点校.苏辙集:第三册[M].北京:中华书局,1990:1122.

② 孔凡礼.苏轼年谱:下[M].北京:中华书局,1998:962.

要出这些钱？是作为臣吗？臣无此责任；是出于政绩的需要吗？他是主动再三请求降职的；是为了名声吗？他此时已经真切感到逃名的必要——早在黄州时期，在《答李昭玘书》中就曾说，"轼所以得罪，正坐名过实耳。年大以来，平日所好恶忧畏皆衰矣，独畏过实之名，如畏虎也"[①]。——是作为一个民吗？民无此义务。我想应该只有一个解释：出自他作为一个人的同情心，比金子还珍贵的作为一个人的同情心！

元祐六年，以翰林学士承旨召还，罢杭州任。有《八声甘州·寄参寥子》：

有情风、万里卷潮来，无情送潮归。问钱塘江上，西兴浦口，几度斜晖？不用思量今古，俯仰昔人非。谁似东坡老，白首忘机。　记取西湖西畔，正暮山好处，空翠烟霏。算诗人相得，如我与君稀。约他年、东还海道，愿谢公、雅志莫相违。西州路，不应回首，为我沾衣。[②]

读来，似乎没有感觉到东坡对杭州有多少留恋，特别是上片，只是感慨人生俯仰即变，于此他似已真的处于"忘机"

①　苏轼撰，茅维编，孔凡礼点校.苏轼文集：第四册[M].北京：中华书局，1986：1439.

②　邹同庆、王宗堂.苏轼词编年校注：中册[M].北京：中华书局，2016：668.

状态，显得非常旷达潇洒。下片重在写与道潜的友情，对他年重回湖畔，充满自信，反劝道潜莫违雅志。与这次初来杭州前后的急切、兴奋形成较为鲜明的对比。这与杭州民众的感情也形成相当鲜明的对比："我去杭时，白叟黄童，要我复来，已许于中。"①

真是岁月不留情，十六年来，他的心灵经受了多少折腾与磨难，几乎可以完全肯定的是，现在他绝对不敢也不会写出"数诗狂语不须删"这样的句子，也决不可能产生"人生此乐须天付"这样盲目自信乐观的想法。似乎对于"复来"他是处于"许"的被动状态，看来对杭州已不像上次分别时那样特别依恋。

元祐六年五月十九日，他写了《杭州召还乞郡状》，其中回顾了自开始从政至今的遭遇与心路，倾诉了当前的情绪与愿望。从中我们可以清楚地看到，首先，他从来"不忍欺天负心"，必以为国为民为念；其次，他一直受到党人（包括变法派和后来的洛、朔两党）的构陷和围剿，他们"未尝一日不在倾臣"；又其次，现在唯求远祸全身，"耻复与群小计较长短曲直"，"只作亲嫌回避，早除一郡"，"或除一重难边郡，臣不敢辞避，报国之心，死而后已"。字字源于内心，句

---

① 苏轼撰，茅维编，孔凡礼点校.苏轼文集：第五册[M].北京：中华书局，
1986：1961.

句出自肝肺，即使仅从文章看，也是不朽的杰作。

其实，他自己十分明白，也曾不止一次和朋友谈起，只要放弃自己的坚守，"随世俯仰"，不但可以平安一生，而且还可富贵一生。他明知党人必欲置其死地而后快，但为了坚持为国为民至上这一原则，也只是退到乞郡（重、难、边在所不计）而已，没有提出更进一步的如乞退等。他太善良实诚了，当然乞退也未必能成，但又何妨一试！换言之，他不是没有这个聪明，而是不愿弃守他的原则，一"愚"至此！此后改知颖州，次年改知扬州，了解到民有积欠之苦，"如负千钧而行，免于僵仆则幸矣"，"死亡过半"。于是奏请中央豁免。他在奏章中写道：

臣每屏去吏卒，亲入村落，访问父老，皆有忧色。云："丰年不如凶年。天灾流行，民虽乏食，缩衣节口，犹可以生。若丰年举催积欠，胥徒在门，枷棒在身，则人户求死不得。"言讫，泪下。臣亦不觉流涕。又所至城邑，多有流民。官吏皆云："以夏麦既熟，举催积欠，故流民不敢归乡。"臣闻之孔子曰："苛政猛于虎。"昔常不信其言，以今观之，殆有甚者。水旱杀人，百倍于虎，而人畏催欠，乃甚于水旱。①

① 苏轼撰，茅维编，孔凡礼点校.苏轼文集：第三册[M].北京：中华书局，1986：959.

这篇奏章不仅仅为民诉苦，而且还提出了合理、妥帖的解决办法，长达七千余字。又，"扬州芍药为天下冠，蔡延庆为守，始作万花会，用花十余万枝。既残诸园，又吏因缘为奸，民大病之。予始至，问民疾苦，遂首罢之"①。

　　东坡坚守自己的为政原则，而他的命运其实是和当时整个政局紧密相关的。由于他对党人的狠毒所知不深，当他们觉得机会来到时，对他绝对不会有丝毫的心慈手软，虽然不能公开判他死刑，却可千方百计置他于死地。对此，苏轼只是有所感觉而已。元祐八年九月，太皇太后高氏卒，他曾在给友人王定国的信中说："某蒙被知遇，尤增殒灭。"②现在，所谓变法派的机会来了。新执政的皇帝早已不持祖母的想法，要重新启动新法，重用章惇等变法派了，反变法的所谓旧党即将被打成"元祐党人"。同月，苏轼出知定州。其间曾乞改越州，诏不允。在与杨济甫的信中说："累辞不获，须至勉强北行。家事寥落，怀抱可知。"③在《东府雨中别子由》中也慨叹道："去年秋雨时，我自广陵归。今年中山去，白首

---

① 苏轼撰，茅维编，孔凡礼点校.苏轼文集：第六册[M].北京：中华书局，1986：2293.

② 苏轼撰，茅维编，孔凡礼点校.苏轼文集：第四册[M].北京：中华书局，1986：1530.

③ 同②1810.

11..

归无期。"①其实他已处于任人宰割的境地，何曾料到"今年中山去，白首归无期"已是可望而不可即的最好结局。这不能不说是源于他一贯"不忍欺天负心"的坚定信念，同时也是对当局尚存某种程度的幻想。这里，值得一提的是，就在这"黑云压城城欲摧"厄运当头之际，他居然还继续给皇上写了这样"不识时务"的书信：

臣备位讲读，日侍帷幄，前后五年，可谓亲近。方当戍边，不得一见而行。况疏远小臣，欲求自通，亦难矣……今陛下听政之初，不行乘乾出震见离之道，废祖宗临遣将帅故事，而袭行垂帘不得已之政，此朝廷有识所以惊疑而忧虑也。臣不得上殿，于臣之私，别无利害，而于听政之始，天下属目之际，所损圣德不小。

……

古之圣人，将有为也，必先处晦而观明，处静而观动，则万物之情，毕陈于前。不过数年，自然知利害之真，识邪正之实，然后应物而作……以三年为期。俟得利害之真，邪正之实，然后应物而作。使既作之后，天下无恨，陛下亦无悔，上下同享太平之利。则虽尽南山之竹，不足以纪圣功，

① 苏轼撰，王文诰辑注，孔凡礼点校.苏轼诗集：第六册[M].北京：中华书局，1982：1991-1992.

兼三宗之寿,不足以报圣德。由此观之, 陛下之有为, 惟忧太早, 不患稍迟, 亦已明矣。①

这篇奏章为天下、为百姓, 敢于直言谏诤, 毫不考虑自身的安危, 典型地表现了苏轼始终如一的道德操守。无奈当今皇上自己觉得"处晦""处静""默观"已经多年, 忍得够长了! 哪里还听得进"以三年为期""惟忧太早, 不患稍迟"这些保守派的胡说! 在皇帝那里, 这奏章只会起燃起对他更烈的怒火。值得注意的是苏轼笔下的"愚忠"二字, 说是"愚", 自以为不是"愚", 他以为他应该说出心里话, 因为他真心认为如此有利于国有利于民, 哪里知道在皇帝的耳朵里恰恰全是误国欺君的用来迷惑自己的"妖言"! 苏轼的"报应"不久就来了, 绍圣元年(1094)四月, 以讥刺先朝的莫须有罪名贬知英州。

在赴英州途中, 有《过汤阴市, 得豌豆大麦粥, 示三儿子》(节录):

玉食谢故吏, 风餐便逐臣。

漂零竟何适, 浩荡寄此身。

① 苏轼撰, 茅维编, 孔凡礼点校.苏轼文集: 第三册[M].北京: 中华书局, 1986: 1018 - 1020.

　　　　争劝加餐食，实无负吏民。

　　　　何当万里客，归及三年新。①

以"无负吏民"自励，同时也还在幻想不久能够回来。实际上不是三年，而是三个月后就被远贬定州这个边城军事重镇。但他到任后，就又立即开始了解军情、民情，全心投入工作。不久，上奏状乞降度牒修盖禁军营房，并奏整饰军政。因事行法，初见成效。

　　赴定州途中，"闻两浙连熟，呻吟疮痍，遂一洗矣"②；尽管失意，东坡心中还是只有百姓。

　　《亡兄子瞻端明墓志铭》说："定久不治，军政尤弛，武卫卒骄堕不教，军校蚕食其廪赐，故不敢何问。公取其贪污甚者配隶远恶，然后缮修营房，禁止饮博。军中衣食稍足。乃部勒以战法，众皆畏服。然诸校多不自安者，有卒史复以赃诉其长。公曰：'此事吾自治则可，汝若得告，军中乱矣。'亦决配之，众乃定……"但新的更大风暴已在酝酿。果不其然，次年四月因讥刺先朝的罪名贬知英州，八月再贬南蛮瘴

---

① 　苏轼撰，王文诰辑注，孔凡礼点校.苏轼诗集：第六册[M].北京：中华书局，1982：2025.

② 　苏轼撰，茅维编，孔凡礼点校.苏轼文集：第四册[M].北京：中华书局，1986：1549.

疠之地惠州。

4. 再贬惠州、儋州

皇帝诏令《苏轼散官惠州安置制》：

朕初嗣位，政出权臣，引轼兄弟，以为已助。自谓得计，
罔有悛心，忘国大恩，敢以怨报。若讥朕过失，何所不容？仍
代予言，诬诋圣考，乖父子之恩，害君臣之义，在于行路，犹
不戴天，顾视士民，复何面目……今言者谓轼指斥宗庙，罪
大罚轻。国有常刑，非朕可赦，宥尔万死，窜之遐服。①

这篇东西，真可谓旧党共新派一色，歹毒与无耻齐飞！前者
就作者而言，据知该诏令起草者原为旧党；后者就其内容而
言，打倒苏轼最常用的武器便是所谓"指斥宗庙"，纯属子虚
乌有，毫无新意，但已表明确实无耻。执笔者最得意的文字
极有可能就是"若讥朕过失，何所不容？仍代予言，诬诋圣

---

① 司义祖.宋大诏令集：卷第二百六[M].北京：中华书局，1962：774.

考"等数句，既能显示当今皇上的大度，又能激起人们的公愤，"仍代予言"，真是何其歹毒也！此足以摧毁苏轼这位当年的老师在今上这个学生心目中可能残存的师生感情。这才是货真价实的歹毒！

苏轼照例要上谢表，他的《到惠州谢表》当然少不了"谢表"这类文字惯有的套话，最能表现苏轼个性的我觉得是这样两句："但守不移之愚，遂成难赦之咎。"①苏轼的自信、坚定、怨愤、强项，跃然纸上！所谓"不移之愚"，我以为起码有如下两条：一是，坚守变法改革的最终目的是膏腴斯民；二是，坚守便民、渐进的变法改革的路线，只要能够便民，即使是王安石的主张也予坚决肯定；否则，即使是司马光的主张也反对到底！守此不移，竟成难赦之咎，他当然于心不服，难能可贵的是他还白纸黑字地写了出来，而且还是直接写给当今皇上的！"迹其狂妄，久合诛夷"，表明他已真的放下一切，不但"无复首丘之望"，"瘴疠之地，魑魅为邻"，即使付出生命也在所不惜！苏轼就是这样一个顶天立地的君子！

有必要郑重声明的是，苏轼最让人敬服的还不仅仅在此，而在于在这样的环境下、命运中，他仍然热爱生命，仍然热衷于服务民众，在自己的死地余生活成了一个真正的

---

① 苏轼撰，茅维编，孔凡礼点校.苏轼文集：第二册[M].北京：中华书局，1986：706.

人，给王国维所称道的"高尚伟大之人格"作出了最准确最动人的注解。

惠州，他知道"瘴乡风土，不问可知，少年或可久居，老者殊畏之"①。但他一到惠州，就开始真正融入民间，"杖屦所及，鸡犬皆相识"②。真的，他并没有因严谴远贬而沮丧、消沉。绍圣元年八月，还在出发去惠州的路上，他就忙开了。《秧马歌》之引写道："过庐陵，见宣德郎致仕曾君安止。出所作《禾谱》，文既温雅，事亦详实，惜其有所缺，不谱农器也。予昔游武昌，见农夫皆骑秧马⋯⋯日行千畦，较之伛偻而作者，劳佚相绝矣。"③其中详尽地介绍了秧马的结构、制作的材料、操作的要领以及使用的效果等。

我们不能忘记，他当时不是在游山玩水的旅游途中，而是背着"万死"的罪名，被严厉发配难望生还的当时所谓瘴疠之地，但他眼里所关注的还是能够减轻农民劳累的农具；况且他已经五十九岁了！到惠州后，他果真没有忘记推广秧马，只是再三叮嘱知情者千万勿提他的名字。百

---

① 苏轼撰，茅维编，孔凡礼点校.苏轼文集：第四册[M].北京：中华书局，1986：1551.

② 苏轼撰，茅维编，孔凡礼点校.苏轼文集：第五册[M].北京：中华书局，1986：2270.

③ 苏轼撰，王文诰辑注，孔凡礼点校.苏轼诗集：第六册[M].北京：中华书局，1982：2051.

姓、便民不但常出其口，更重要也更根本的是已深入其心，成为了其心不可或缺的一个主要部分。无处可居，只得再建，当然少不了当地朋友的帮助。他自己说："新居在大江上，风云百变，足娱老人也。有一书斋名思无邪斋，闲知之。"①

不过，还是先来说说程正辅的出现。

章惇派他前来主管广南东路司法、刑狱和监察，兼管农桑，官虽不太大，权力却是不小，小小惠州当然也在他管辖范围之内。为何独独派他前来？原来他本是苏轼的姐夫！是为了让他来照应苏轼的吗？恰恰相反。章惇侦知四十二年前，苏轼之姐因受程家虐待而死，苏洵愤而当众宣布与程家绝交，自此两家结怨至今。章惇派他前来的真正目的，就是让他来利用这个机会好好修理苏轼。而苏轼却以苏东坡应有或说是必有的态度，化解了这四十二年的宿怨，通过他来为惠州百姓做一些有益之事。苏、章为人，高下立现！

东坡所托，限于篇幅，不能一一罗列，仅举数事为例。

博罗正月一日夜，忽失火，一邑皆为灰烬，公私荡然。

① 苏轼撰，茅维编，孔凡礼点校.苏轼文集：第四册[M].北京：中华书局，1986：1572.

林令在式假，高簿权县。飓风猛烈，人力不加，众所知也。百姓千人，皆露宿沙滩，可知！可知！盖屋固未能，茅竹皆不可得，一壶千金之时，黄焘擘划得竹三万竿往济之，极可佳。火后事极多，林令有心力，可委。他在式假，自不当坐此。愿兄专牒此子，令修复公宇、仓库之类，及存抚被灾之民，弹压寇贼，则小民受赐矣。又，起造物料，若不依实价和买而行科配，则害民又甚于火矣。愿兄严切约束本州，或更关牒漕司，依实支破，或专委黄推官提举点检催促及觉察科配。幸恕僭易。①

近又体问得一事，本州诸军，多阙营房，多二人共一间，极不聊生。其余即散居市井间，赁屋而已。不惟费耗，军人因此窘急作过。又本都无缘部辖，靡所不为，公私之害，可胜言哉。某得罪居此，岂敢僭管官事，但此事俗吏所忽，莫教生出一事，即悔无及也。兄弟之情不可隐，故具别纸冒闻，千万亮其本心恕罪，幸甚。②

后面删节未引的一千多字，是东坡所陈述的基于实际情况

① 苏轼撰，茅维编，孔凡礼点校.苏轼文集：第四册[M].北京：中华书局，1986：1595 - 1596.

② 同①1600.

提出如何解决这一问题的具体方案。字字句句，在我看来，东坡都是经过细密调查、认真思考的，有理有据，甚接地气。

> 某目见之事，恐可以助仁政之万一，故敢僭言。不罪！不罪！今来秋大熟，米贱已伤农矣。所纳秋米六万三千余石，而漕府乃令五万以上折纳见钱，余纳正色，虽许下户取便纳钱，然纳米不得过五千硕元科之数，则取便之说，乃空言尔。①

> 某今日伏读赦书，有责降官量移指挥，自惟无状，恐可该此恩命，庶几复得生见岭北江山矣。幸甚。②

见出"天下无一个不好人"这一信条对他的负面影响，章惇等实权人物正为未能进一步整他而苦恼，而他却还幻想着"量移指挥"，"见岭北江山"！不过这也就那么一说而已，并没有太当回事。下文的一千余字，是鉴于惠州这一年"秋田大熟，米贱伤农"这一实际状况，所提出的如何抓住朝廷

---

① 苏轼撰，茅维编，孔凡礼点校.苏轼文集：第四册[M].北京：中华书局，1986：1608.

② 同①1609.

颁发敕书的机会为农民争取最大实惠的具体对策，都是他深思熟虑认真筹划的结果。读此书信，我想起了"真是操碎了心"这句俗语，盖以其贴切也！

以上所引书信内容基本上局限于东坡在惠州期间如何尽一己之心力为惠州百姓做事，其实他尽心尽力服务百姓的事远不止此。譬如由于惠州常流行瘴毒，他曾出钱施药救人，活人无数；豆豉也是对症之药，但制作需黑豆，而本地无有，于是就求人从广州购入。别以为他手头宽裕，近一年来，他"衣食渐窘"，以至于得"典衣过重九"。于是他又像在黄州时一样开始种地。又如，他在《与王敏仲》中建议：

罗浮山道士邓守安……尝与某言，广州一城人，好饮醎苦水，春夏疾疫时，所损多矣。惟官员及有力者得饮刘王山井水，贫丁何由得。惟蒲涧山有滴水岩，水所从来高，可引入城，盖二十里以下尔。若于岩下作大石槽，以五管大竹续处，以麻缠之，漆涂之，随地高下，直入城中。又为一大石槽以受之，又以五管分引，散流城中，为小石槽以便汲者。不过用大竹万余竿，及二十里间，用葵茅苫盖，大约不过费数百千可成。然须于循州置少良田，令岁可得租课五七千者，令岁买大筋竹万竿，作筏下广州，以备不住抽换。又须于广州城中置少房钱，可以日掠二百，以备抽换之费。专差

兵匠数人，巡觑修葺，则一城贫富同饮甘凉，其利便不在
言也。①

在另一封与王敏仲的信里，又作补充道：

　　闻遂作管引蒲涧水甚善。每竿上，须钻一小眼，如菉豆
大，以小竹针窒之，以验通塞。道远，日久，无不塞之理。
若无以验之，则一竿之塞，辄累百竿矣。仍愿公擘画少钱，
令岁入五十余竿竹，不住抽换，永不废。僭言，必不讶也。②

为民之事，可谓心细如发。似可肯定的是，不管是否自觉，
他已经能够站在“民”的立场考虑问题，对待一切，并在不
经意间正在向“人”的高峰攀登！

　　以上多出自他给程正辅的书信。写给亲友的书信一般比
较随便随意，因而往往也就比较真实，我们要了解一个人的
真实思绪，研读其书信确有无可替代的特殊价值。我们还是
接着来看他写给其他友人的尺牍。有些信件，直接讲了他来
惠州后的内心生活。

---

①　苏轼撰，茅维编，孔凡礼点校.苏轼文集：第四册［M］.北京：中华书局，
　　1986：1692 - 1693.

②　同①1695.

到惠州不久，他在给王定国的信中说："某既缘此绝弃世故，身心俱安，而小儿亦遂超然物外，非此父不生此子也……南北去住定有命，此心亦不念归，明年买田筑室，作惠州人矣。"①

《与程正辅七十一首》之六十："轼入冬，眠食甚佳，几席之下，澄江碧色，鸥鹭翔集，鱼虾出没，有足乐者。又时走湖上，观作新桥。掩骼之事，亦有条理，皆粗慰人意。"②《与孙志康二首》："祸福苦乐，念念迁逝，无足留胸中者。"③《与王敏仲十八首》之七："此月十四日迁入新居。江山之观，杭、越胜处，但莫作万里外意，则真是，非独似也。"④

苏轼努力由"臣"向"民"进而向"人"的提升，首先就要彻底放下对富贵的留恋。放下之难不在"知"，而在"行"。我的老家遂昌原有王家祠堂，其中有一珍贵的匾额，是汤显祖在遂昌当县令时为我家南宋末年时弃官归隐的先祖、诗人王镒（号月洞）而写："林下一人"。语句来自流行

①　苏轼撰，茅维编，孔凡礼点校.苏轼文集：第四册[M].北京：中华书局，1986：1531.

②　同①1616.

③　同①1681.

④　同①1691.

的诗句"相逢都说休官好，林下何曾见一人"。苏轼要真正成为东坡，难就难在真正"放下"。在黄州时，确实想要放下，也曾经放下，但未彻底。来惠州后，才真的开始放下。不过开始时，"譬如原是惠州秀才，累举不第，有何不可。知之免忧"，还是自我譬解之词，就像当年落第书生并未真正放弃他日中举为官之愿一样。后来则有大不同，因为他在为民办事的过程中，享受到了快慰，可以说是开始发生质的变化。最后一信已入佳境，不以"杭、越胜处"为念，不是眼下处境与其相似，而是以为真正感受到了杭、越之乐，"真是，非独似也"。正可谓有得之言，所谓"真是"略同于"放下"。

常言道，诗为无形画，常常能够准确地体贴作者的心灵状态。在来惠州的路上，东坡写道：

慈湖夹阻风五首

其一

捍索椓竿立啸空，篙师酣寝浪花中。

故应菅蒯知心腹，弱缆能争万里风。

其二

此生归路愈茫然，无数青山水拍天。

犹有小船来卖饼，喜闻墟落在山前。

其五

卧看落月横千丈，起唤清风得半帆。

且并水村欹侧过，人间何处不巉岩。①

先贬英州，在赴贬所途中再贬惠州，东坡毫无颓丧之气，表明他内心并没有屈服；但对今后前途的茫然却油然而生。

望湖亭

八月渡长湖，萧条万象疏。

秋风片帆急，暮霭一山孤。

许国心犹在，康时术已虚。

岷峨家万里，投老得归无。②

表现出了同样的情绪，但颈联所念想的还是"报国""康时"，只是现实已不许可，徒增慨叹而已，绵绵遗憾溢出字里行间。

---

① 苏轼撰，王文诰辑注，孔凡礼点校.苏轼诗集：第六册[M].北京：中华书局，1982：2034 - 2035.

② 同①.

八月七日，初入赣，过惶恐滩

七千里外二毛人，十八滩头一叶身。

山忆喜欢劳远梦，地名惶恐泣孤臣。

长风送客添帆腹，积雨浮舟减石鳞。

便合与官充水手，此生何止略知津。

（劳远梦，原诗自注：蜀道有错喜欢铺，在大散关上。）①

东坡也难免孤苦之感，更有不满和牢骚。恕我再引一首，庶几深一步见出东坡赴惠途中的思想情绪：

过大庾岭

一念失垢污，身心洞清净。

浩然天地间，惟我独也正。

今日岭上行，身世永相忘。

仙人抚我顶，结发受长生。②

以上诸诗均作于赴惠途中，最后一首从艺术性看，似略逊于前面几首，但于了解东坡的思想情感却意义重大。从地理上

① 苏轼撰，王文诰辑注，孔凡礼点校.苏轼诗集：第六册[M].北京：中华书局，1982：2052-2053.

② 同①2056-2057.

说，大庾岭是江西与广东的分界处，但在东坡的心目中，却
是人生分界线。过岭前、过岭时，他自然而然地检视自己以
往的人生道路，他对自己的评价是"浩然天地间，惟我独也
正"，觉得自己一身正气；展望前程，他决心彻底抛开从前的
种种，踏上崭新的人生道路。新在何处？践行道教的人生哲
学，努力达到清静虚寂的境界；然而这却没有做到。何以
故？答案非常简单，东坡怎么能够抛下植根于他心灵深处对
人的同情心！既不愿意，也无可能，到惠州后，他没有得道
成仙，而是循着同情心的指引，毅然决然走上了"人"的道
路，从未回头！

就在这条路上，他痛斥不顾百姓死活而专务致养君王口
体的老钱（惟演）、"前丁（谓）后蔡（襄）"，写了有名的
《荔支叹》：

> 十里一置飞尘灰，五里一堠兵火催。
>
> 颠坑仆谷相枕藉，知是荔支龙眼来。
>
> 飞车跨山鹘横海，风枝露叶如新采。
>
> 宫中美人一破颜，惊尘溅血流千载。
>
> 永元荔支来交州，天宝岁贡取之涪。
>
> 至今欲食林甫肉，无人举箸酹伯游。
>
> 我愿天公怜赤子，莫生尤物为疮痏。
>
> 雨顺风调百谷登，民不饥寒为上瑞。

君不见武夷溪边粟粒芽，前丁后蔡相笼加。

争新买宠各出意，今年斗品充官茶。

吾君所乏岂此物，致养口体何陋耶。

洛阳相君忠孝家，可怜亦进姚黄花。①

此诗为苏诗选本所必选。它不但说了从前进贡荔枝之事，而且由彼及此，说到本朝的进贡武夷茶、牡丹花，由古时的奸臣说到近时的蔡襄，并且由奸臣说到昏君，总而言之，不但说尽题目中的荔枝，还能由此生发开去，几乎说尽相类之别的事，别的人，包括皇帝在内。讥刺批判，勇猛无比！

这就是惠州时期的苏东坡！

而他自己虽然过得十分清苦，但却从容自得：

擷菜（并引）

吾借王参军地种菜，不及半亩，而吾与过子终年饱饫，夜半饮醉，无以解酒，辄擷菜煮之。味含土膏，气饱风露，虽粱肉不能及也。人生须底物，而更贪耶？乃作四句。

秋来霜露满东园，芦菔生儿芥有孙。

---

① 苏轼撰，王文诰辑注，孔凡礼点校.苏轼诗集：第七册［M］.北京：中华书局，1982：2126-2127.

我与何曾同一饱，不知何苦食鸡豚。①

（注：何曾，西晋重臣，生活奢侈）

纵　笔

白头萧散满霜风，小阁藤床寄病容。

报道先生春睡美，道人轻打五更钟。②

没有当局所期待的悔恨或乞怜，他坚强潇洒地活着。

此时他写了《和陶咏三良》：

此生太山重，忽作鸿毛遗。

三子死一言，所死良已微。

贤哉晏平仲，事君不以私。

我岂犬马哉，从君求盖帷。

杀身固有道，大节要不亏。

君为社稷死，我则同其归。

顾命有治乱，臣子得从违。

① 苏轼撰，王文诰辑注，孔凡礼点校.苏轼诗集：第七册[M].北京：中华书局，1982：2201－2202.

② 同①2203.

魏颗真孝爱，三良安足希。

仕宦岂不荣，有时缠忧悲。

所以靖节翁，服此黔娄衣。①

我们可以将此诗与他年轻时任职凤翔期间写的《凤翔八观·
秦穆公墓》对比一下:

橐泉在城东，墓在城中无百步。

乃知昔未有此城，秦人以泉识公墓。

昔公生不诛孟明，岂有死之日而忍用其良。

乃知三子徇公意，亦如齐之二子从田横。

古人感一饭，尚能杀其身。

今人不复见此等，乃以所见疑古人。

古人不可望，今人益可伤。②

诗颇为自信地为秦穆公辩解: 从前连大家认为对晋失败负责
的孟明都不愿杀, 岂有临死之时让忠良之士陪葬的道理呢?

①　苏轼撰，王文诰辑注，孔凡礼点校.苏轼诗集: 第七册[M].北京: 中华书
　　局，1982: 2184 - 2185.

②　苏轼撰，王文诰辑注，孔凡礼点校.苏轼诗集: 第一册[M].北京: 中华书
　　局，1982: 118 - 119.

苏轼料定是三良自己主动殉身；他还慨叹今天已经没有像三良这样忠诚、感恩的人了，"古人不可望，今人益可伤"。数十年过去了，东坡的思想发展了，观念变了，认定臣民绝非国君的犬马，因而必须讲究做人的"大节"，由于人的生命有如泰山之重，臣对君命一定要分清治乱，从而决定自己的从违，哪能任凭君王的驱使甚至宰割呢？这在当时确实是石破天惊之论。

且看陶渊明的《咏三良》：

弹冠乘通津，但惧时我遗；

服勤尽岁月，常恐功愈微。

忠情谬获露，遂为君所私。

出则陪文舆，入必侍丹帷；

箴规响已从，计议初无亏。

一朝长逝后，愿言同此归。

厚恩固难忘，君命安可违。

临穴罔惟疑，投义志攸希。

荆棘笼高坟，黄鸟声正悲；

良人不可赎，泫然沾我衣。①

---

① 王瑶.陶渊明集[M].北京：作家出版社，1956：112.

陶认为别说应从君命，作为臣子本应就该有"同此归"的心愿！由此我觉得东坡和诗比渊明原作高明，对君的态度，东坡更是有所突破，进一步就整个精神世界而言，也是如此。两人都是先仕后农，一个种豆南山下，一个躬耕东坡上，应该说是旷代知音吧！但我们也不难发现两人的相异之处。先说家世，陶渊明在《命子诗》里说："悠悠我祖，爰自陶唐。邈为虞宾，历世垂光。"其曾祖陶侃是晋大司马，祖父也还做过太守，家里也应是个财主吧，可到了他这里，家道已经中落，"亲老家贫，起为州祭酒"，因"不堪吏职，自解职"。但仍有建功立业之想。《荣木》诗序云"总角闻道，白首无成"，但他并不就此气馁，诗云：

> 我之怀矣，怛焉内疚！
> 先师遗训，余岂之坠？
> 四十无闻，斯不足畏。
> 脂我名车，策我名骥。
> 千里虽遥，孰敢不至！①

后复为镇军、建威参军，在彭泽令任上，说"我不能为五斗米折腰向乡里小人"（《宋书》本传），于是解印归田。《归园

① 王瑶.陶渊明集[M].北京：作家出版社，1956：31-32.

田居》其一说：

> 开荒南野际，守拙归园田。
>
> 方宅十余亩，草屋八九间。
>
> 榆柳荫后檐，桃李罗堂前。
>
> 暖暖远人村，依依墟里烟。
>
> 狗吠深巷中，鸡鸣桑树颠。
>
> 户庭无尘杂，虚室有余闲。
>
> 久在樊笼里，复得返自然。①

可见实际上陶渊明之归耕，并非为饥所驱，起码初时生活完全没有问题。而苏东坡之成为"东坡"实在是无可奈何。更主要的是他没有显赫家世的包袱，只是出于对"功成名遂"的向往，出蜀赴京，一试前程。两人之所坚守者确实颇有差异。陶渊明生活于东晋末期刘宋初年，政治黑暗，社会混乱。《宋书·陶潜传》谓："潜弱年薄宦，不洁去就之迹。自以曾祖晋世宰辅，耻复屈身后代。自高祖王业渐隆，不复肯仕。所著文章，皆题其年月，义熙以前，则书晋氏年号；自永初以来，唯云甲子而已。"陶渊明在思想上自然而然地认为曾祖既然已是晋帝之臣，自己也就应该始终忠于晋室，归

---

① 王瑶.陶渊明集[M].北京：作家出版社，1956：35.

隐以后也不改变。《杂诗》其二：

> 日月掷人去，有志不获骋。
> 念此怀悲凄，终晓不能静。[①]

其志本不在农耕，很可能是希望在政治上有所作为，但始终没能实现。主要的原因应是他始终不肯和恶浊的官场同流合污。在多数人的印象里，陶渊明是一个宁愿穷愁潦倒也必坚守自身清白的伟大隐士，实际上他一直以晋室忠臣自命。而苏东坡由于北宋较为开明的社会风气的影响，自然也想建功立业，有所作为，一旦功成名遂，证明了自身的生存价值以后，就想回归家园"诗酒趁年华"。他是近千年以来读者最欣赏最热爱的天才人物之一。在这条漫长的人生道路上，他接续陶渊明"此亦人子也"的人道传统。陶渊明任彭泽令，曾给儿子派了一个奴仆回家帮忙干活，并写信交代说："此亦人子也。"在这一点上，苏轼有所发扬光大，说："自上可以陪玉皇大帝，下可以陪悲田院乞儿"，"眼见天下无个不好的人"。陶渊明《归园田居》其六说："问君亦何为，百年会有役。但愿桑麻成，蚕月得纺绩。素心正如此，开径望三益。"三

---

① 王瑶.陶渊明集[M].北京：作家出版社，1956：54.

益，谓直、谅、多闻；简单地说就是志同道合、学识渊博的友人，语出《论语·季氏》。农夫，我想应该不在他朋友的行列里。然而苏东坡一生在贬谪生活中却结识不少平民知己、农夫朋友。北宋毕竟已离实行九品中正制的魏晋南北朝远了！萧统《陶渊明集·序》赞扬陶渊明"贞志不休，安道苦节，不以躬耕为耻，不以无财为病"，在他那个时代，这已经非常了不起了！"代耕"生活结束之后，不时陷入困顿之中，甚至常常挨饿。他有《乞食》一首云：

> 饥来驱我去，不知竟何之。
> 行行至斯里，叩门拙言辞。
> 主人解余意，遗赠岂虚来。
> 谈谐终日夕，觞至辄倾杯。
> 情欣新知欢，言咏遂赋诗。
> 感子漂母惠，愧我非韩才。
> 衔戢知何谢，冥报以相贻。①

《饮酒》第十六首云："竟抱固穷节，饥寒饱所更。"他所抱者也是亡晋忠臣的固穷之节。不过他也到达了他那个时代一

---

① 王瑶.陶渊明集[M].北京：作家出版社，1956：116.

个读书人思想和人格的顶峰！他和苏东坡一起，一前一后，堪称双峰并峙，让我们后来人仰望，赞叹，愧疚，反思！

我觉得，东坡比陶渊明似乎胸襟更要开阔，似乎也要更乐观一些。《发广州》云：

> 朝市日已远，此身良自如。
> 三杯软饱后，一枕黑甜余。
> 蒲涧疏钟外，黄湾落木初。
> 天涯未觉远，处处各樵渔。[①]

《浴日亭》云：

> 剑气峥嵘夜插天，瑞光明灭到黄湾。
> 坐看旸谷浮金晕，遥想钱塘涌雪山。
> 已觉苍凉苏病骨，更烦沆瀣洗衰颜。
> 忽惊鸟动行人起，飞上千峰紫翠间。[②]

这些诗句，让人只觉傲骨嶙峋英气四射！

---

① 苏轼撰，王文诰辑注，孔凡礼点校.苏轼诗集：第六册[M].北京：中华书局，1982：2067.

② 同①2067－2068.

《十月二日初到惠州》写道:

> 仿佛曾游岂梦中，欣然鸡犬识新丰。
> 吏民惊怪坐何事，父老相携迎此翁。①

仿佛只有回归的欢欣喜悦，所表现的情感和谢表形成鲜明的对照。当然也有消极避世的篇什，是他感情世界的另一侧面。苏东坡与陈季常去信一封说："独与幼子过及老云并二老婢共吾过岭。"不过和在黄州时一样，他很快就融入当地士、民当中。由于他们"相待甚厚"，遂决定在惠州买地建屋，于是当地百姓也和在黄州一样纷纷前来相帮。而他也像在黄州一样，为当地的父老百姓努力去做自己应做能做的事情。如为改善当地缺医少药的情况，向内地求购药材广为施舍；推广秧马；建议兴修水利；要求官员察灾抚民；呼吁建设惠州的东西两桥，并为此奔走不息。一次散步时偶然发现有不少无人掩埋的骸骨，念及"非兵则民，皆吾赤子"，于是就发动筹款收葬。如此等等，总是时时流露出作为一个"人"的感情，实践作为一个"人"的责任。特别值得一说的是，他由官吏推广秧马说开去。《题秧马歌后四

---

① 苏轼撰，王文诰辑注，孔凡礼点校.苏轼诗集：第六册[M].北京：中华书局，1982：2071.

首》之三云：

> 翟东玉将令龙川，从予求秧马式而去。此老农之事，何
> 足云者，然已知其志之在民也。愿君以古人为师，使民不畏
> 吏，则东作西成，不劝而自力，是家赐之牛，而人予之种，
> 岂特一秧马之比哉！ ①

可见东坡心里总是以民为念，绝非虚语也！

可就在他新屋建成没住几天，当局又将他再贬更加荒远
的儋州。东坡儋州时期的思想情感不是惠州时期的简单延
续，更是深化和发展。首先是对皇帝、朝廷的认识，在惠州
有时还多少有点幻想，甚至不切实际地偶有贬所能够北移的
念头，现在则表现得颇为决绝。请看《到昌化军谢表》：

> 伏念臣顷缘际会，偶窃宠荣。曾无毫发之能，而有丘山
> 之罪。宜三黜而未已，跨万里以独来。恩重命轻，咎深责
> 浅。此盖伏遇皇帝陛下，尧文炳焕，汤德宽仁。赫日月之照
> 临，廓天地之覆育。譬之蠕动，稍赐矜怜；俾就穷途，以安
> 余命。而臣孤老无托，瘴疠交攻。子孙恸哭于江边，已为死

---

① 苏轼撰，茅维编，孔凡礼点校.苏轼文集：第五册[M].北京：中华书局，
1986：2152 - 2153.

别；魑魅逢迎于海外，宁许生还。念报德之何时，悼此心之永已。俯伏流涕，不知所云。①

一读之下，我们马上就会感受到此表用语之锐利，情绪之怨愤，远过《到惠州谢表》。例如，前有"宜三黜而未已，跨万里以独来"，后有"孤老无托，瘴疠交攻。子孙恸哭于江边，已为死别；魑魅逢迎于海外，宁许生还"，能说是在"责浅"吗？能说是"宽仁"吗？"宜三黜而未已"，"三黜"，东坡在此很可能是指自己被一贬黄州、再贬英州、三贬惠州的遭遇；同时由于出自《论语》"柳下惠为士师，三黜"，似乎东坡是有意借此表明自己一直直道而行，语含双关。"悼此心之永已"，如何理解"此心"？"此"为何指？从字面看，好像是上句所说的"报德"之心；按君臣之理，即使没有机会以实际行动报德，作为一个臣子也应当永怀此心才是；而东坡偏说"此心""永已"，上文我谓之"决绝"者以此！

东坡始至儋州，居桄榔林下，有《桄榔庵铭》。结句曰："三十六年，吾其舍此，跨汗漫而游鸿蒙之都乎？"②他自嘉

---

① 苏轼撰，茅维编，孔凡礼点校.苏轼文集：第二册[M].北京：中华书局，1986：707.

② 同①570.

祐六年出仕，即 1061 年至 1097 年，恰恰是三十六年。他明确宣告要彻底抛弃一生为臣做官的前面三十六年，从头做"人"！这是东坡一生中具有里程碑意义的重大事件，一个几乎已经脱胎换骨的苏东坡正气宇轩昂地大步向我们走来！

在往儋州贬所的路上，看到许多瑰丽的山石，他吟诗道：

> 突兀隘空虚，他山总不如。
> 君看道傍石，尽是补天余。①

显然自视为补天余石。虽是余石，还在补天，就在来儋途中，于琼州发现了清甘的"双泉"，从此四方之民前来取用者，昼夜常满。既到之后，他跟朋友说："此间食无肉，病无药，夏无绨葛，冬无炭，独有一穷命耳。以此一有而傲四无，可乎？聊发千里一笑也。"②看来食虽无肉，而滋味不错；病虽无药，但身体尚健；夏虽无绨葛，然内心是清凉的；冬虽无炭，精神却是温暖的，一句话，总觉春意盎然：

---

① 苏轼撰，王文诰辑注，孔凡礼点校.苏轼诗集：第七册[M].北京：中华书局，1982：2250.

② 孔凡礼.苏轼年谱：下[M].北京：中华书局，1998：1294.

减字木兰花·立春

春牛春杖。无限春风来海上。便与春工。染得桃红似肉红。　　春幡春胜。一阵春风吹酒醒。不似天涯。卷起杨花似雪花。①

无屋可住，赖十数学生帮助，结茅数椽居之。"极湫隘，粗有竹树，烟雨蒙晦，真蜑坞獠洞也。"②"此间海气郁蒸，不可言，引领素秋，以日为岁也。"③但随行有《陶渊明集》等，并且还在从事学术研究，后来北归时曾对朋友说："所喜者，海南了得《易》《书》《论语传》数十卷，似有益于骨朽后人耳目也。"④他对朋友说："生事狼狈，劳苦万状，然胸中亦自有翛然处也。"⑤胸中之翛然处首先来自他发现了当地黎民的善良、淳朴、友好：

① 邹同庆，王宗堂.苏轼词编年校注：中册[M].北京：中华书局，2016：801.

② 苏轼撰，茅维编，孔凡礼点校.苏轼文集：第四册[M].北京：中华书局，1986：1628.

③ 同②1626.

④ 同②1540.

⑤ 同②1804.

和陶拟古九首

其九

黎山有幽子，形槁神独完。

负薪入城市，笑我儒衣冠。

生不闻诗书，岂知有孔颜。

倏然独往来，荣辱未易关。

日暮鸟兽散，家在孤云端。

问答了不通，叹息指屡弹。

似言君贵人，草莽栖龙鸾。

遗我古贝布，海风今岁寒。①

一位素不相识的黎民，话语不通，同情他的落魄，居然以土布相送，给他过冬之用。他自己也很快主动融入当地黎民中间，与他们的关系极为融洽、友好。《被酒独行，遍至子云、威、徽、先觉四黎之舍，三首》云：

其一

半醒半醉问诸黎，竹刺藤梢步步迷。

---

① 苏轼撰，王文诰辑注，孔凡礼点校.苏轼诗集：第七册［M］.北京：中华书局，1982：2266.

但寻牛矢觅归路，家在牛栏西复西。①

纵笔三首

其三

北船不到米如珠，醉饱萧条半月无。

明日东家当祭灶，只鸡斗酒定膰吾。②

都是纪实之作。甚至表示"馵舌倘可学，化为黎母民"（《和陶田舍始春怀古》其二）。

"吾昔自杭移高密，与杨元素同舟。而陈令举、张子野皆从吾过李公择于湖，遂与刘孝叔至松江。"③吾是被"从"的对象。"己卯上元，予在儋州，有老书生数人来过，曰：'良月嘉夜，先生能一出乎？'予欣然从之……"客是予"从"的对象。这种遣词造句不经意间的小小不同，典型地反映了东坡在儋州和百姓心底里的平等关系，最为难得，最为可贵。值得我们特别重视的是，从"人"的立场出发，东坡没有民族偏见，认为"汉、黎一也"。《和陶劝农六首（并引）》第一首

---

① 苏轼撰，王文诰辑注，孔凡礼点校.苏轼诗集：第七册［M］.北京：中华书局，1982：2322－2323.

② 同①2328.

③ 苏轼撰，王松林点校.东坡志林：卷一［M］.北京：中华书局，1981：3.

第一句就是在我们历史上闪闪发光的这八个大字:"咨尔汉黎,均是一民。"①用形象的语言来说,是"华夷两樽合,醉笑一欢同"②。我年轻时初读东坡,打动我的除了"自上可以陪玉皇大帝,下可以陪悲田院乞儿","眼前见天下无一个不好人",就是"咨尔汉黎,均是一民"这八个字了。我是浙江西南山区遂昌县人,当地也有少数民族——畲民,他们有自己的语言,也会讲遂昌方言,只是有些话的发音稍有差异。1949 年前,畲民颇受歧视,我们汉族小孩子常常学那些发音有所不同的畲民遂昌话相互取笑。1949 年后,他们就基本上完全汉化了。其实,汉、畲"均是一民",将近一千年前的苏东坡能够有此民族平等的意识,而我们却没有,真觉羞愧无比。近千年前东坡对人的尊重,人与人之间平等的现代意识,难道不值得近千年后的我们现代人学习吗?不值得我们为之自豪与骄傲吗?

这种"人"的意识基于他对过往人生的深刻反思。《与王序一首》:"某仕不知止,临老窜逐,罪垢增积,玷污亲友。"③

---

① 苏轼撰,王文诰辑注,孔凡礼点校.苏轼诗集:第七册[M].北京:中华书局,1982:2254 - 2255.

② 同①2325.

③ 苏轼撰,茅维编,孔凡礼点校.苏轼文集:第五册[M].北京:中华书局,1986:1822.

"仕不知止"四字真正触及问题的核心，揭出他自己灵魂深处的要害；而现在不但"知止"，而且也实实在在地"止"了。当局能够打倒作为臣子的苏轼，但却同时玉成了作为"人"的东坡，倘若他还在什么端明殿学士、翰林侍读学士、礼部尚书的官位上，"知止"很可能会更晚一些。在儋州，东坡不仅仅由臣而民，更是由民而"人"。《孟子》："愿受一廛而为氓。"东坡就是愿意做儋州的一个普普通通的平民百姓。他还活得很开心：

> 九日独何日，欣然惬平生。
>
> 四时靡不佳，乐此古所名。
>
> 龙山忆孟子，栗里怀渊明。
>
> 鲜鲜霜菊艳，溜溜糟床声。
>
> 闲居知令节，乐事满余龄。
>
> 登高望云海，醉觉玉山倾。
>
> 长歌振履商，起舞带索荣。
>
> 坎坷识天意，淹留见人情。
>
> 但愿饱粳稌，年年乐秋成。[①]

---

① 苏轼撰，王文诰辑注，孔凡礼点校.苏轼诗集：第七册[M].北京：中华书局，1982：2259-2260.

东坡"人"的意识，也体现在日常生活中。《籴米》：

> 籴米买束薪，百物资之市。
>
> 不缘耕樵得，饱食殊少味。
>
> 再拜请邦君，愿受一廛地。
>
> 知非笑昨梦，食力免内愧。
>
> 春秧几时花，夏稗忽已穟。
>
> 怅焉抚未耜，谁复识此意。①

他的《和陶劝农六首（并引）》意在劝勉人们重视农业生产，可谓苦口婆心。其引曰："海南多荒田，俗以贸香为业。所产粳稌，不足于食。乃以薯芋杂米作粥糜以取饱。予既哀之，乃和渊明《劝农》诗，以告其有知者。"②

他也没有辜负溪边之风，常常沉醉于舞雩之乐，为当地普及文化教育作出了许多具体的积极贡献。特别值得一提的是，姜唐佐之所以能够成为海南第一个进士，和东坡的指教、鼓励是分不开的。在他离开儋州之时，曾向东坡求诗，东坡便在他的扇子上题曰："苍海何曾断地脉，珠崖从此破天

---

① 苏轼撰，王文诰辑注，孔凡礼点校.苏轼诗集：第七册[M].北京：中华书局，1982：2254.

② 同①2255.

荒！"说是等你日后中了进士，再补足成篇。可惜他中进士之时，东坡已经过世，于是由苏辙补曰："锦衣不日人争看，始信东坡眼力长。"由于苏东坡的影响，儋州人往往爱好吟诗作对，因而儋州素有"诗乡歌海"之称。

元符三年，东坡离开海南时，作《别海南黎民表》，表达了依依不舍的深情厚谊：

我本海南民，寄生西蜀州。

忽然跨海去，譬如事远游。

平生生死梦，三者无劣优。

知君不再见，欲去且少留。[1]

朱熹曾说苏轼古诗"一滚说尽，无余意"[2]。这首诗表面上看意思已经"一滚说尽"，似无余意，实际上几乎每一句都耐人寻味。例如"我本海南民"，这简单平淡的五个字，只有东坡才说得出，也只有东坡说出来才有深味：我本非海南民，如何来到海南而成为海南民？我初来时还是有一顶破官帽的，虽然无薪资可领，也无任何权力可用，但毕竟不是民，然而

① 苏轼撰，王文诰辑注，孔凡礼点校.苏轼诗集：第七册［M］.北京：中华书局，1982：2362-2363.

② 黎靖德.朱子语类：卷第一百四十［M］.北京：中华书局，1986：3324.

经过岁月一番修炼，居然成了民，其间经历了多少艰难困苦！忍受了多少委屈耻辱！也受到了像你这样的海南父老兄弟的多少照顾帮助，我终于可以骄傲地向世人宣称：我就是一个海南之民！其间一切的一切，全都蕴蓄"我本海南民"五字之中，尤其是这个"本"字，又凝聚了他对海南百姓怎样的真挚感情，岂是几句话所能说得尽的？由于"我本海南民"，西蜀州当然就成了"我"的寄生之地。再看"忽然"，应有这样两重意思：一是事先根本不知道，无准备；二是其中没有必然性，也就是事情的发生毫无道理可说。然而，"忽然"真的是如梦一般无理可循、无迹可求吗？由惠州再贬儋耳，无理之理实在太荒谬了。例如，贬儋耳之理，据说就是"子瞻"之"瞻"，和"儋耳"之"儋"都有一个"詹"字！此时此刻，东坡心里有太多的话，只是没对这位黎族朋友诉说！深以浅出，浓以淡出，可以说是这首诗的艺术特质。朱熹"一滚说尽，无余意"的批评起码完全脱离了这首诗的实际，不足为训！即使真是"无余意"之作，如上举《荔支叹》，也是难得的好诗！

再看《迁居之夕，闻邻舍儿诵书，欣然而作》：

幽居乱蛙黾，生理半人禽。

跫然已可喜，况闻弦诵音。

儿声自圆美，谁家两青衿。

且欣集齐咮，未敢笑越吟。

九龄起韶石，姜子家日南。

吾道无南北，安知不生今。

海阔尚挂斗，天高欲横参。

荆榛短墙缺，灯火破屋深。

引书与相和，置酒仍独斟。

可以侑我醉，琅然如玉琴。①

我先以白话试着翻译原作：

在冷僻的居所，四周只有蛙声交鸣

生活半是个野人，仍然很是高兴

谁家两位少年，传来弦歌诵读的声音

虽是他乡的方言，还是那么美好圆润

不禁想起贤哲的儿时，一如盛唐的精英

只要是天下大道，不分南北，我都倾心

也许就在今天，我由此就获得了新生

望外一看，海摇北斗，天上高挂参星

荆棘绕围着我的矮墙，书灯从破缺扑进

---

① 苏轼撰，王文诰辑注，孔凡礼点校.苏轼诗集：第七册［M］.北京：中华书
局，1982：2312-2313.

他们的吟诵，把我蕴蓄于心的诗句唤醒

我不禁倒了一杯浊酒，独自慢酌细品

让我不觉沉醉的，定是他们美妙的书声

我之所以选用这首诗，一是今人的选本里好像从来没有出现过，它写得比较随意；但也可能正因"随意"而更能表现他真实的心态，是最苏东坡的作品之一。开头两句后，没有接着诉苦叹穷，没有自怨自艾，没有怨恨命运，没有忧虑日后，没有幻想未来，下文就"喜"字展开，由于总算有了个属于自己的勉强能够遮风避雨的住处，更是由于听到了两个少年的书声，于是由近及远，海阔天空地联想开去，只写书声给他带来的美感和想象，最后沉醉其中，到诗篇结尾戛然而止。王文诰引纪昀说："收得空阔，若但以勉学意结，则腐矣！"这是就诗论诗之论，若联系东坡所处的背景稍一想象，你眼前，就会出现一个不去计较个人穷达顺逆恩怨得失，总是那么通达宽容高远脱俗的东坡老人形象。有人称之为坡仙，原因之一是在他的诗词中有不少"仙"语，如几乎人人耳熟能详的"我欲乘风归去"，还有也是作于儋耳的《子由生日》开头："上天不难知，好恶与我一"，等等。他有那么高的才能，那么博的学问，那么大的贡献，现在却受到如此冤屈，过着"半人禽"的生活，而还能完全沉醉在儿童的书声之中，试问，天下达到这种境界能有几人？他之所以能成"仙"，固然有天分的因素，但他自身后天的修炼难道不是主要的吗？我于是想起了十余年前填的一首词：

> 黄玉峰兄夜游鄂州西山，秉烛读东坡老梅石碑，
> 　仿老梅作临江仙见示，兹以东坡口吻答之
> 归去千年似一瞬，无暇回首人间。感君秉烛到西山。相逢如故旧，题襟结诗缘。　尝恨此身非我有，江头海角天边。幸凡尘自有桃源。葆天真一点，随处可登仙。（2008.1.7）

5. 北归，去世

宋徽宗建中靖国元年（1101），苏东坡终于踏上了北归之路。当时心情，请看下面这两首律诗名作。第一首是《儋耳》：

> 霹雳收威暮雨开，独凭栏槛倚崔嵬。
> 垂天雌霓云端下，快意雄风海上来。
> 野老已歌丰岁语，除书欲放逐臣回。

残年饱饭东坡老，一壑能专万事灰。①

能够走出瘴疠之地，北归与家人团聚，当然高兴；但是他已六十六岁高龄了！"倚崔嵬"和"万事灰"看似矛盾，实际上却是统一的，统一于东坡当时真实的心情，如果还一味兴奋，踌躇满志，那就不是此时真实的苏东坡了。北归途中，他写信给弟弟子由说："兄万一有稍起之命，便具所苦疾状力辞之，与迨、过闭户治田养性而已。"②看来他确实已下了彻底离开官场的最后决心。

六月二十日夜渡海

参横斗转欲三更，苦雨终风也解晴。

云散月明谁点缀，天容海色本澄清。

空余鲁叟乘桴意，粗识轩辕奏乐声。

九死南荒吾不恨，兹游奇绝冠平生。③

---

① 苏轼撰，王文诰辑注，孔凡礼点校.苏轼诗集：第七册[M].北京：中华书局，1982：2363.

② 苏轼撰，茅维编，孔凡礼点校.苏轼文集：第五册[M].北京：中华书局，1986：1838.

③ 同①2366-2367.

面对过去七年的生活，他感到了战胜丑恶、战胜灾难的喜悦。他依旧那么幽默自信，乐观开朗！他的这段经历，可谓人间奇迹；他这个人，可谓上天赐给人间的特殊创造！颔联，王文诰认为对句"公自谓也"，这没问题；但说出句"问章惇也"①，似乎就有商榷的余地：东坡"九死南荒"，章惇虽然与有力焉，但仅归罪于章一人，也不完全符合实际，似乎低估了东坡的襟怀。关于颈联，有一苏诗选本解释道："这两句意思是自己徒然有孔子当年乘桴远游的意味，但没有孔子那样的学问，只是粗通汉族的礼乐文化罢了。"②其实，题目中有"渡海"一词，联系《论语·公冶长》"子曰：道不行，乘桴浮于海，从我者，其由与！"；《庄子·天运》：黄帝"张咸池之乐于洞庭之野"，说的是自己已渡过琼州海峡回来了，不可能再"乘桴浮于海"了。"粗识"句讲的是诗人在岭外生活期间，对于"洞庭之野"的"轩辕之乐"，多少已有些认识。这里的"轩辕之乐"，并非"代指中原文化"，而是指海南地方文化，表达了他对海南的留恋。他曾有句云"桑下岂无三宿恋"，何况在海南他已生活了七年之久。如果是代指中原文化，饱读经书、蜚声天下的苏东坡似乎又谦虚过头了，而且句意也完全游离于整首诗之外。

---

① 王文诰.苏文忠公诗编年集成：第 15 册[M].成都：巴蜀书社，1985：14.

② 刘乃昌.苏轼选集[M].济南：齐鲁书社，1980：140.

《苕溪渔隐丛话》谓:

> 吕丞相《跋杜子美年谱》云:"考其笔力,少而锐,壮而肆,老而严,非妙于文章,不足以至此。"余观东坡自南迁以后,诗全类子美夔州以后诗,正所谓"老而严"者也。子由云:"东坡谪居儋耳,独喜为诗,精炼华妙,不见老人衰惫之气。"鲁直亦云:"东坡岭外文字,读之使人耳目聪明,如清风自外来也。"观二公之言如此,则余非过论矣。①

北宋有好几位吕姓丞相,此吕乃皇祐、至和年间之吕蒙正也。中华书局《苏轼诗集》收东坡谪居儋耳至北归前诗作,自《上元夜过赴儋首召,独坐有感》至《书堂屿》两年间共约一百一十余首,虽不能说篇篇佳作,但"不见老人衰惫之气",读之"如清风自外来也",确非虚语。东坡动身赴儋时,已六十有二,如今似不算老,但在九百多年前的当时,这个年龄的老人可能并不太多,至于衰惫之气更是难免。况且儋耳当年是个"食无肉,病无药,居无室,出无友,冬无炭,夏无寒泉"的地方,难望生还。特别是对国家对百姓,自己只有一片忠诚,有何错?有何罪?凭什么要被发配这样的蛮荒瘴疬之地?怨愤之情,不平之气,在所难免;换作别

---

① 胡仔.苕溪渔隐丛话: 后集[M].北京: 人民文学出版社, 1962: 226.

人，由此而信仰坍塌，精神崩溃，也不是不可理解。

从他这段时间的诗作看，却不但不见衰疲之气，而且不只是"老而严"而已，也不缺少年的清新锐气，中年的自由放达。在儋耳，东坡把自己的精神世界提高到了一个新的高度。

"苏东坡"是苏轼一生努力的过程和结果。这次重读东坡，看到他在湖州任上被捕时惊慌失措的样子：

> （当朝廷派来抓捕的官兵）径入州厅，具靴袍秉笏立庭下，二台卒夹侍，白衣青巾，顾盼狞恶，人心汹汹不可测。轼恐，不敢出，谋之无颇。无颇云："事至此，无可奈何，须出见之。"轼议所以为服，自以当得罪，不可以朝服。无颇云："未知罪名，当以朝服见也。"轼亦具靴袍秉笏立庭下。无颇与职官皆小帻列轼后。①

他是事先已得到可靠信息的呀！特别是途中狱里又曾先后两次试图自杀，心里突然冒出了这样的想法：这很不"苏东坡"呀！——"很不'苏东坡'"？是的！

多年来，苏东坡在我的心目里几乎就是豁达，潇洒、淡定、幽默的化身，事到临头，又怎么会如此"惊慌失措"

---

① 颜中其.苏东坡轶事汇编[M].长沙：岳麓书社，1984：56.

呢？后来怎么又会不止一次产生自寻短见的念头呢？——于
是又冒出另一个有点离奇的想法：由苏轼而"苏东坡"有一
个成长、发展的过程，这时苏轼还不是"苏东坡"，更别说事
实上苏轼自号"东坡居士"确实是在此之后的事情。"苏东
坡"是苏轼毕生追求、塑造的过程，是苏轼越来越"苏东
坡"的过程。其实在自号"东坡居士"之前，苏轼身上已有
"苏东坡"的影子，而且就在这次被捕过程中也已经有所表
现，不能把苏轼与"苏东坡"完全分开，看成互不相干的两
个人。据东坡自己回忆：

> 昔年过洛，见李公简言："真宗既东封，访天下隐者，得
> 杞人杨朴，能诗。及召对，自言不能。上问：'临行有人作诗
> 送卿否？'朴曰：'惟臣妾有一首云：更休落魄耽杯酒，且莫
> 猖狂爱咏诗。今日捉将官里去，这回断送老头皮。'上大
> 笑，放还山。"余在湖州，坐作诗追赴诏狱。妻子送余出门，
> 皆哭。无以语之，顾语妻曰："独不能如扬子云处士妻作诗送
> 我乎？"妻子不觉失笑，余乃出。①

在如此时刻尚能幽默如此，这不就是一个活脱脱的苏东
坡吗？苏轼和"苏东坡"就这么相处在一起，一步一步走向

---

① 苏轼撰，王松龄点校.东坡志林[M].北京：中华书局，1981：32.

了完全的"苏东坡"。

他是建中靖国元年七月二十八日（公历 1101 年 8 月 24 日）去世的，二十五日已自知"有不起之忧"，但在该日给僧人也是老友惟琳的短信中说："然生死亦细故耳，无足道者。"——说"无足道者"易，真以为"无足道者"难，尤其是在真正面对死神的时刻。后在临终前于《答径山琳长老》结尾说"平生知罗什，神咒真浪出"。自注云："昔鸠摩罗什病亟，出西域神咒，三番令弟子诵以免难，不及事而终。"东坡临终时，"琳叩耳大声曰：'端明勿忘西方。'曰：'西方不无，但个里著力不得。'语毕而终"。① 即使东坡真信所谓鸠摩罗什"神咒"的神奇功效，他也一定不愿以此来干扰关于生死的自然安排；他愿意听其自然。在这一点上，是不是可以说东坡的境界高出于鸠摩罗什？鸠摩罗什临终试图自救，乞灵于所谓"神咒"，固无可非议，苏东坡则始终一任自然，似更不易！苏轼升华为苏东坡到此有了一个完满的结果。——我敬重鸠摩罗什，我更佩服东坡。

生死之际的表现，往往最能看出一个人对生命对人生的真实态度和他的本来面目。"生死亦细故耳"，东坡平日也曾多次提及，从其临终表现看，这的的确确是他的心里话。可以断然肯定的是，在自知将不起的短短几天里，他一定在回

---

① 颜中其.苏东坡轶事汇编[M].长沙：岳麓书社，1984：243.

忆、反思自己的一生，由于他始终坚守人道思想，无愧于天，无愧于地，无怍于人，也无怍于己，我觉得他内心一定是平静而又安详的。至于一生穷达，我想起了他在《和陶拟古九首》其二中的四句："昔我未尝达，今者亦安穷。穷达不到处，我在阿堵中。"①何谓"穷达不到处，我在阿堵中"？就是我处在不计较自身穷达的境界里。那么他无所计较了吗？那也不是，他计较的始终是能否真正把人当人。"东坡老人在昌化，尝负大瓢行歌于田间。"②这里东坡"负大瓢行歌于田间"，与后来"先生自海外还，至赣上，寓居水南，日过郡城，携一药囊，遇有疾者，必为发药，并疏方示之"③，所写都是最苏东坡的形象，自然而然地表现出对人的尊重、关爱、体贴，洋溢着"人"的气息，焕发出"人"的光辉。

① 苏轼撰，王文诰辑注，孔凡礼点校.苏轼诗集：第七册［M］.北京：中华书局，1982：2261.

② 赵令畤撰，孔凡礼点校.侯鲭录　墨客挥犀　续墨客挥犀［M］.北京：中华书局，2002：183.

③ 何薳.春渚纪闻［M］.北京：中华书局，1983：92.

三、几个有待探究的问题

上文我们一再提到苏东坡思想、个性的复杂，以至于不同的读者（当然包括专家、学者）可以就各人所见到的作品、生平资料，得出不同甚至相反的结论。下面拟就我以为特别值得探讨的几个问题，提几点我个人的看法，以资引玉。

1. 东坡是否谨守儒家思想

李泽厚先生认为：

苏轼一方面是忠君爱国、学优而仕、抱负满怀、谨守儒家思想的人物，无论是他的上皇帝书、熙宁变法的温和保守立场，以及其他许多言行，都充分表现出这点。这上与杜、白、韩，下与后代无数士大夫知识分子，均无不同，甚至有时还带着似乎难以想象的正统迂腐气（例如责备李白参加永王出兵事等等）。但要注意的是，苏东坡留给后人的主要形象并不是这一面，而恰好是他的另一面。这后一面才是苏之为苏的关键所在。苏一生并未退隐，也从未真正"归田"，但他通过诗文所表达出来的那种人生空漠之感，却比前人任何口头上或事实上的"退隐""归田""遁世"要更深刻更沉重。因为,苏轼诗文中所表达出来的这种"退隐"心结,已不只是对政治的退避,而是一种对社会的退避;它不是对政治杀戮的恐惧哀伤,已不是"一为黄雀哀,涕下谁能禁"(阮籍),"荣华诚足贵,亦复可怜伤"(陶潜)那种具体的政治哀伤(尽管苏也有这种哀伤),而是对整个人生、世上的纷纷扰扰究竟有何目的和意义这个根本问题的怀疑、厌倦和企求解脱与舍弃。①

李泽厚先生是我一直尊敬的学者,但他这段话对苏轼的评价我实难同意。"谨守儒家思想的人物",从上文论及苏轼政治思想的部分,我们不难得出完全相左的论断,特别是《御试制科策》(也可以说是李先生所说的"上皇帝书"之一)这篇系统、全面的政见报告书所说的"夫天下者,非君有也,天下使君主之耳!"毫不含糊、理直气壮地明确提出了天下"非君有"这一独立、独到的观点,这难道是以忠君为核心理念的"儒家思想"所能包含的吗?试问:上数杜、白、韩,下看后代无数士大夫,能有几人达到这个高度?至于说"对整个人生、世上的纷纷扰扰究竟有何目的和意义这个根本问题的怀疑、厌倦和企求解脱与舍弃",古往今来几乎

---

① 李泽厚.美的历程[M].天津:天津社会科学院出版社,2001:262-263.

任谁都难以完全避免，只是由于东坡对人生感觉更敏锐，思考更深入，出现难免会更频繁，程度可能会更严重，但我们能据此抹杀他一生始终坚持爱民、为民的不懈努力，并在此实践中成为一个大写的"人"这一主导倾向吗？我觉得，林语堂先生的有关见解有更充分的事实依据，因而也就更有说服力：苏东坡"不肯接受人生是重担、是苦难的说法——他认为那不尽然。至于他本人，是享受人生的每一刻时光"。①

李泽厚先生还说他"有时还带着似乎难以想象的正统迂腐气（例如责备李白参加永王出兵事等等）"。由于李泽厚先生没有列举苏轼"责备"的依据，只能到苏轼的文集中去找。我想李先生所指应该就是苏东坡《李太白碑阴记》一文所说的"尝失节于永王璘"吧。关于永王璘案的真相历来多有争论。《文学遗产》2012 年第五期刊发了邓小军《永王璘案真相——并释〈永王东巡歌十一首〉》一文，"旨在彻底揭露永王璘冤案真相，彻底昭雪永王璘冤案，以及李白冤案"，我觉得此论文极具说服力，结论是可信的。但我们只能尽量依据苏轼当时的语境来审视和评判苏轼的见解。先来看看苏轼这篇文章是怎么说的：

> 李太白，狂士也。又尝失节于永王璘，此岂济世之人

①　林语堂.苏东坡传[M].张振玉，译.长沙：湖南文艺出版社，2012：3.

哉。而毕文简公以王佐期之，不亦过乎！曰：士固有大言而无实，虚名不适于用者，然不可以此料天下士。士以气为主。方高力士用事，公卿大夫争事之，而太白使脱靴殿上，固已气盖天下矣。使之得志，必不肯附权幸以取容，其肯从君于昏乎！夏侯湛赞东方生云："开济明豁，包含宏大。陵轹卿相，嘲哂豪杰。笼罩靡前，跆籍贵势。出不休显，贱不忧戚。戏万乘若僚友，视俦列如草芥。雄节迈伦，高气盖世。可谓拔乎其萃，游方之外者也。"吾于太白亦云。太白之从永王璘，当由迫胁。不然，璘之狂肆寝陋，虽庸人知其必败也。太白识郭子仪之为人杰，而不能知璘之无成，此理之必不然者也。吾不可以不辩。①

其实，所谓"失节于永王璘"，多半是当时朝野的主旋律。东坡这篇《李太白碑阴记》，作意根本不在指责李白"失节"，恰恰相反，是在为李白辩护，认为"太白之从永王璘，当由迫胁"。特别值得注意的是苏轼以称赞的口气肯定李白也是如同"戏万乘若僚友，视俦列如草芥"之东方朔这样的人物，哪里有什么"似乎难以想象的正统迂腐气"！

---

① 苏轼撰，茅维编，孔凡礼点校.苏轼文集：第二册[M].北京：中华书局，1986：348-349.

2. 如何理解东坡的"超然物外"

还有学者非常赞赏东坡"超然物外的人生境界",给予最高评价。何谓"超然物外"?如果仅仅根据《汉语大词典》的解释,极易引起误会:"超出于尘世之外","引申为置身事外的意思"。苏轼一生所追求和最终所达到的是这样的境界吗?显然不是!熙宁间苏轼在密州,超然台建成后,征询弟弟苏辙何以名之。苏辙《超然台赋(并叙)》答曰:

今夫山居者知山,林居者知林,耕者知原,渔者知泽。安于其所而已,其乐不相及也,而台则尽之。天下之士奔走于是非之场,浮沉于荣辱之海,嚣然尽力而忘返,亦莫自知也。而达者哀之,二者非以其超然不累于物故邪?老子曰:"虽有荣观,燕处超然。"尝试以"超然"命之,可乎?①

东坡很高兴地采纳了弟弟的建议,将台名之为"超然",

---

① 苏辙.苏辙集:第一册[M].北京:中华书局,1990:331-332.

理由就是可以见出"余之无所往而不乐者，盖游于物之外也"①。东坡自己也曾以"超然自得"评价自己，在儋州，他在给侄孙的信里写道：

　　海南连岁不熟，饮食百物艰难，及泉、广海舶绝不至，药物鲊酱等皆无，厄穷至此，委命而已。老人与过子相对，如两苦行僧尔。然胸中亦超然自得，不改其度。知之，免忧。②

所谓"无所往而不乐"，是指不论处身何种境遇之中，都能觉得快乐；此处"超然"并非超出尘世、置身事外的意思，而是说能够不以生活苦乐、境遇荣辱为意，真正做到"不累于物"。也就是处于艰难坎坷的逆境，虽然没有以寒为暖、以饥为饱的本领，但能不以为困苦；处于富贵安乐的顺境，也不会忘乎所以，沉醉其中，难舍难弃。一句话，无论环境、外物好坏顺逆苦乐，都能不为局限，精神都不受实质性的影响。苏辙《超然台赋（并叙）》说东坡"受命之岁，承大旱之

① 苏轼撰，茅维编，孔凡礼点校.苏轼文集：第二册[M].北京：中华书局，1986：352.
② 苏轼撰，茅维编，孔凡礼点校.苏轼文集：第五册[M].北京：中华书局，1986：1841.

余孽，驱除螟蝗，逐捕盗贼，廪恤饥馑，日不遑给，几年而后少安"：可见东坡并没有超出尘世，更没有置身事外，恰恰相反，他始终身处世内，致力于作为一个尽心尽职的太守所应做必做之事，并且取得了巨大的成效。他自己在《超然台记》中说："余自钱塘移守胶西，释舟楫之安，而服车马之劳，去雕墙之美，而庇采椽之居，背湖山之观，而行桑麻之野。始至之日，岁比不登，盗贼满野，狱讼充斥，而斋厨索然，日食杞菊。人固疑余之不乐也。处之期年，而貌加丰，发之白者，日以反黑。予既乐其风俗之淳，而其吏民亦安予之拙也……"①以"超然物外"描述东坡精神，我以为一定要明白其精髓是置身事内，致力事中，只是决不计较个人劳逸得失祸福荣辱，超然其外；他并因此而感到快乐无比，体貌因而加丰，白发因而返黑。——单以"超然物外"来描述东坡个性，由于极易引起误会，我不甚赞同。

与此相仿，也有研究者认为，"苏轼的价值更在于，他向我们证实了人生最重要的一项底层能力——无论身处何种境地，都能让自己快乐的能力"（《新京报书评周刊》2020年7月18日）。似乎东坡掌握着神奇的化痛苦为快乐的灵丹妙药。快乐是一种感觉，只会自然而然地自主生成，不可能因

① 苏轼撰，茅维编，孔凡礼点校.苏轼文集：第二册[M].北京：中华书局，1986：351-352.

命令或威逼或说服等等而"觉得"或"感到"，命令、威逼、说服等等，只会产生相反的效果。说"无论身处何种境地，都能让自己快乐"是一种能力，似乎说得太轻巧了，有些不着边际。比如东坡六十三岁在惠州贬所突然接到命令贬到更加荒远的儋州，他能让自己觉得快乐吗？决无可能，除非神经错乱。至于他后来逐渐感到快乐起来，绝非能力问题，应该说是基于一种修养，或者说是胸襟、气度、品格、境界。而这种修养、胸襟、气度、品格、境界，又是基于先天的基础在后天长期培养、修炼的结果。

在黄州时，他告诉友人说："近于城中葺一荒园，手种菜果以自娱。"[①]太简单了！太平常了！太容易了！就是要真正做到，难！虽然难，我们大家却都可以学，没有荒园，屋旁隙地也可；如果连屋旁隙地也无，阳台也行！关键在于：东坡能够种菜自娱，我们即使勉强学会了，也未必能在此过程里感到快乐。又如，还是在黄州，他写信给朋友说："黄州滨江带山，既适耳目之好，而生事百须，亦不难致，早寝晚起，又不知所谓祸福果安在哉？"[②]他所不知者，别说祸福，就是日常小小得失，我们却又特别敏感，太过斤斤计较。初

---

① 苏轼撰，茅维编，孔凡礼点校.苏轼文集：第四册[M].北京：中华书局，1986：1653.

② 同①1671.

到儋州，"此中枯寂，殆非人世，然居之甚安"。何以故？原因之一是"诸史满前，甚有与语者也"。①这就是我们现在常说的与文本对话，与作者对话，与作品中的人物对话。此于东坡是乐事，于我们却可能是勉强应付的苦差事，甚至面对满架图书，却往往提不起一星半点的兴趣。

我以为，"无论身处何种境地，都能让自己快乐"，实在是源于东坡对生活的热爱，对生命的热爱。他由衷认为人间比天上仙宫要好：

水调歌头·明月几时有

丙辰中秋，欢饮达旦，大醉。作此篇，兼怀子由。

明月几时有？把酒问青天。不知天上宫阙，今夕是何年。我欲乘风归去，又恐琼楼玉宇，高处不胜寒。起舞弄清影，何似在人间。　　转朱阁，低绮户，照无眠。不应有恨，何事长向别时圆。人有悲欢离合，月有阴晴圆缺，此事古难全。但愿人长久，千里共婵娟。②

---

① 苏轼撰，茅维编，孔凡礼点校.苏轼文集：第四册[M].北京：中华书局，1986：1674.

② 邹同庆，王宗堂.苏轼词编年校注：上册[M].北京：中华书局，2016：173-174.

浣溪沙·游蕲水清泉寺

山下兰芽短浸溪，松间沙路净无泥，萧萧暮雨子规啼。

谁道人生无再少？门前流水尚能西。休将白发唱黄鸡。①

（白居易曾在诗中称"黄鸡催晓"，"白日催年"，以感叹人生易老。东坡此处反其意。）

鹧鸪天·林断山明竹隐墙

林断山明竹隐墙。乱蝉衰草小池塘。翻空白鸟时时见，照水红蕖细细香。　村舍外，古城旁。杖藜徐步转斜阳。殷勤昨夜三更雨，又得浮生一日凉。②

人生难免会有风雨，且看《定风波·莫听穿林打叶声》：

三月七日，沙湖道中遇雨。雨具先去，同行皆狼狈，余独不觉。已而遂晴，故作此词。

莫听穿林打叶声，何妨吟啸且徐行。竹杖芒鞋轻胜马，谁怕？一蓑烟雨任平生。　料峭春风吹酒醒，微冷，山头斜照却相迎。回首向来萧洒处，归去。也无风雨也无晴。③

---

① 邹同庆，王宗堂.苏轼词编年校注：上册[M].北京：中华书局，2016：358.

② 邹同庆，王宗堂.苏轼词编年校注：中册[M].北京：中华书局，2016：474.

③ 同①356.

我想，任谁都可能遇到过出行时未带雨具而偏遇风雨来袭的境况，如何对待？似乎是谁都只能尽快找个地方躲避，但世间又有谁居然根本不当一回事，依然吟啸徐行呢？要说能力，应当说所缺者一般都绝对不可能是徐行的能力，恰恰相反，更多缺的是快跑的能力吧！但真正所缺的却是"何妨吟啸且徐行"的心境或意愿，于是"狼狈"就难免了。如果说"沙湖道中"的风雨实际上并不可怕，那么人生路上的"风雨"呢？还能"吟啸且徐行"吗？东坡说"谁怕？一蓑烟雨任平生"。可能更多的人此时此地、此情此境是埋怨的多，甚至还可能伴以咒骂，可能也会有人艳羡别人有车有马而我却无，然而东坡却觉得自己的"竹杖芒鞋"是何等的轻便自在。不攀比，不计较，根本不把眼前的风雨当回事。这明明不是体能的问题，不是物质条件的问题，而是人生态度、人生修养的问题。他坚信风雨终将过去，果然过不一会儿"山头斜照"又在向人们歌吟夕阳的美好。回过头来一看，已经过去的风雨又有什么值得计较的呢？当时的慌乱、紧张、埋怨等等全都显得多余和可笑。

以上所引诸作，都是他贬谪黄州生活艰困时期的作品，他对人生仍抱着如此积极乐观的态度，说东坡热爱生活，热爱生命，我认为是有足够根据的。东坡这种态度和精神，才真正是东坡精神的底色。——不过，似乎得添一蛇足：当然东坡也有消极颓唐的时候和作品，我们这里说的是底色和主流。

　　他对生活、生命的这种热爱，又源于他对人、对人性的信任与尊重。在此我们又不能不再次提到他的名言："自上可以陪玉皇大帝，下可以陪悲田院乞儿"，"眼前见无一个不好人"。因此他能发现人生、人性的美好。

　　《汲江煎茶》作于元符三年：

　　　　活水还须活火烹，自临钓石取深清。

　　　　大瓢贮月归春瓮，小勺分江入夜瓶。

　　　　茶雨已翻煎处脚，松风忽作泻时声。

　　　　枯肠未易禁三碗，坐听荒城长短更。①

　　若有人问，这首诗写了什么？我肯定会回答说：他到江边取水烧茶。这回答既可以说全对，因为事实确实如此；也可以说是全错，因为诗中情趣已经毫无踪影。就说颔联，同一个取水的器具，既可说成是大瓢，也可说成是小勺，大小均是相对而言，并没有一定之尺寸标准；然而说大说小却都有充分的理由，能够贮月，还不够大吗？只为舀水，再小也行。贮月、分江，无疑也都是事实：月影瓢中之水，把这水倒入

---

① 苏轼撰，王文诰辑注，孔凡礼点校.苏轼诗集：第七册[M].北京：中华书局，1982：2362.

瓮中，月亮不也同时被贮其中了吗？勺子到江上舀水，小勺
不是把大江分来一部分了吗？这就在平凡中体验到了诗意，
平凡至极毫不起眼的琐事，在东坡笔下却变成了兴味盎然的
趣事。其实，整个人生也莫不如此。世上只有无趣之人，没
有无趣的人生，全看我们自己是怎样的一个人。

东坡的发现开阔了我们的眼界和心胸。我今年八十三
了，虽然勉强得很，每天总还是要到小区绿化地里走一走。
有时实在无力不愿走了，但想起东坡的"脚力尽时山更
好"①，似乎金华北山也在热情地邀请我出来和他见个面，也
就兴致勃勃地跨出门来。或者想起"桥下龟鱼晚无数，识君
拄杖过桥声"②，为了试试池鱼还识我步声否，有时傍晚也到
桥上徘徊相候。

环境和我们的关系是跟我们对环境的认知难解难分的，
环境的美好和险恶并不仅仅只决定于环境，更是决定于我们
人的心胸、眼光等等。东坡说：

吾始至南海，环视天水无际，凄然伤之，曰："何时得出

---

① 苏轼撰，王文诰辑注，孔凡礼点校.苏轼诗集：第二册[M].北京：中华书
局，1982：492.

② 苏轼撰，王文诰辑注，孔凡礼点校.苏轼诗集：第三册[M].北京：中华书
局，1982：667.

此岛耶？"已而思之，天地在积水中，九州在大瀛海中，中国在少海中，有生孰不在岛者？覆盆水于地，芥浮于水，蚁附于芥，茫然不知所济。少焉水涸，蚁即径去，见其类，出涕曰："几不复与子相见，岂知俯仰之间，有方轨八达之路乎？"念此可以一笑。戊寅九月十二日，与客饮薄酒小醉，信笔书此纸。(《在儋耳书》，一作《试笔自书》)①

这篇短文是东坡善于自我譬解的又一个典型例子。它写了"凄然伤之"到"念此一笑"的转化过程，实际处境没有任何改变，变的只是对环境的认识、感知，由南海之儋耳而当前所见之天地而九州而中国，无不是岛，人无不在岛中，只是由"环视"所见"天水无际"联想到天地在积水中，九州、中国无不在水中，"有生孰不在岛者"？其变始于"此岛"——海南，也终于"此岛"——中国，但眼界开阔了，胸襟开阔了。接着写了一则寓言，东坡让自己变成了一只蚂蚁，经历了偶然而至的一场大水，自以为必死，"少焉"，于俯仰间发现了"方轨八达之路"，因而得救，不禁为之出涕。前半写自己可怜，后半写自己可笑，他拿自己好好幽默了一把。

---

① 苏轼撰，王文诰辑注，孔凡礼点校.苏轼文集：第六册[M].北京：中华书局，1986：2549.

他说的是对自己所处环境的判断，不能局限于一己目力之所见，应当放宽眼界，开阔心胸。

《记游松风亭》，篇幅虽然短，而影响却很大：

余尝寓居惠州嘉祐寺，纵步松风亭下，足力疲乏，思欲就林止息。望亭宇尚在木末，意谓是如何得到？良久忽曰："此间有甚么歇不得处！"由是如挂钩之鱼，忽得解脱。若人悟此，虽兵阵相接，鼓声如雷霆，进则死敌，退则死法，当甚么时也不妨熟歇。①

"此间有甚么歇不得处？"—— 它教人随遇而安，到底该不该，似难一概而论。我有一位中师同学，在行将毕业准备高师入学考试（中师应届毕业生可考高师是 1956 年国家的特殊政策，而且只此一年，真可谓"空前绝后"）时，却忙于走亲访友，并不认真备考，结果名落孙山，被分配到偏僻的山里教书。当时他还颇为潇洒地说："此间有甚么歇不得处？"可没过多久，就后悔了，潇洒不起来了，于是开始认真准备明年的高考，可偏就没有明年了，而且还是觉得"此间歇不得"，直到多年以后才调到镇上，最后调到县城。后来我们见面时，他曾自嘲说："东坡误我也！"—— 东坡当年有此一

① 苏轼撰，王松龄点校.东坡志林[M].北京：中华书局，1981：4-5.

三、几个有待探究的问题

231

说,是环境使然,是逼出来的潇洒,不但无可厚非,而且还令人赞佩。东坡恰恰于惠州时期对于生命有如此感悟,可能在潜意识里是要将以前所遭遇到的挫折、痛苦、无奈强调为变中之一瞬,从而重新开始享用清风明月的美好人生。苏东坡自出狱以来实际上并未彻底断灭对仕途的念想,但对归隐的向往却开始日益趋向认真和强烈,则几乎完全可以肯定。一般地说,人生不应只想"熟歇"而是应该量力而行,而且还得努力前行,甚至死里求生!

"让自己快乐",必须解决以何为乐的问题。人是社会性的动物,人的生活离不开与别人的关系。东坡精神的根本就是我们一再强调的对人真挚、强烈、持久的恻隐心、悲悯心、同情心,只可与人为善,决不与人为恶,我们要把它当作是人还是非人的汉界楚河,千万不可逾越的"人"的起码底线。其中一个十分重要的方面就是对人的体谅和宽容。《题西林壁》:

> 横看成岭侧成峰,远近高低各不同。
>
> 不识庐山真面目,只缘身在此山中。

我觉得,千百年来,这首诗在总是提醒千千万万的读者,当我们在生活里、工作中或学术上和别人发生意见分歧时,不能只把眼睛死死盯在"不同"上,而应当意识到我之为岭与别人之为峰可能都是真实的,尽管或许是片面的;但未必全是对与错的区别。发现"不同"，首先应当感到高兴，因为我们是为了解决问题而非个人逞能，"不同"往往能够有助于问题的解决，甚至应该进一步肯定"不同"的出现极有可能是问题解决的开始，我们要欢迎"不同"，尊重"不同"，感谢"不同"。退一步说，"不同"果真片面，甚至错误，我们也要站到对方的位置上去看、去想，从而体谅"不同"，并由衷感谢为"不同"所付出的努力。对问题的态度、对"不同"的态度，其实往往就是对人的态度，他能见出是峰也有值得我学习的一面，千万不可固执地先存个是岭非峰的偏见在胸中，自以为一定比人家高明。即使果真是岭非峰，也要尊重并体谅别人以岭为峰，自有他的缘由，也有值得我参考之处，起码也给了自己免犯同类毛病的教训。尊重别人就是尊重自己，对别人友善就是对自己友善。况且，既然都在寻觅庐山真面目，就都是朋友，朋友越多越好，大家齐心协力，从各个不同的角度，参考各种不同的资料，运用各个不同学科的相关成果，也许真有一天我们真能见到它的真面目。如此好事，何乐而不为？

这是讲如何看待别人，下面这首诗讲的是如何对待自己：

和子由渑池怀旧

人生到处知何似？应似飞鸿踏雪泥。

泥上偶然留指爪，鸿飞那复计东西。

老僧已死成新塔，坏壁无由见旧题。

往日崎岖还记否，路长人困蹇驴嘶。①

原来在嘉祐六年，东坡要经过渑池赴陕西凤翔做官，而数年前他们兄弟俩也曾经过这里，于是子由回忆起他们当年一起赴京应试路经渑池，同住县中僧舍，同于壁上题诗，后来自己又曾被任命为渑池县主簿等情事，就写了一首《怀渑池寄子瞻兄》：

相携话别郑原上，共道长途怕雪泥。

归骑还寻大梁陌，行人已渡古崤西。

曾为县吏民知否，旧宿僧房壁共题。

遥想独游佳味少，无言骓马但鸣嘶。②

东坡的和诗是一首名作，历来笺释者颇多，各自都有它的价值。这两首诗都写回忆，所写的内容还有所交集，我想就两首诗所流露的情感作点比较。原唱着重在种种往事本

---

① 苏轼撰，王文诰辑注，孔凡礼点校.苏轼诗集：第一册[M].北京：中华书局，1982：96-97.

② 苏辙撰，陈宏天、高秀芳点校.苏辙集：第一册[M].北京：中华书局，1990：12.

身；而和作却着重在对待往事的态度：它们都仅仅是雪泥爪痕而已，对飞鸿来说，要紧的不是计较往事——如"曾为县吏民知否"，而世事却总是在变化甚至消失之中，如"老僧已死成新塔，坏壁无由见旧题"；我们不能一味怀旧而耽搁飞向更为高远的所在。回到我们现在正在探讨的话题，就个人而言，我更喜欢和作的豪放洒脱。

其实，人生的所谓关系，无非就是"与己""与人"两类。上文已经提到无害于人这一做人底线，至于与人，又可分为无害于己而有益于人，和有损于己而有益于人两种。就东坡而言，他一生总是致力于有益于人，如上文说起过的徐州抗洪，等等，这里再举一例：

建中靖国元年，东坡自儋北归，卜居阳羡。阳羡士大夫犹畏而不敢与游。独士人邵民瞻从学于坡。坡公亦喜其人，时时相与杖策过长桥，访山人为乐。邵为坡买一宅，为缗五百，坡倾囊仅能偿之。卜居入居，既得日矣。夜与邵步月，偶至村落，闻妇人哭声极哀。坡徙倚听之，曰："异哉，何其悲也！岂有大难割之爱触于其心欤？吾将问之。"遂与邵推扉而入，则一老姬见坡泣自若。坡问姬何为哀伤至是？姬曰："吾有一居，相传百年，保守不动，以至于此。吾子不肖，举以售人。吾今日迁徙来此。百年旧居，一旦诀别，此吾所以泣也。"坡亦为之怆然。问其故居所在，则坡以五百缙所得者也。因再三慰抚，谓曰："姬之故居，乃吾所售也，不必深悲，今当以是屋还姬。"即命取屋券，对姬焚之。呼其子，命翌日迎母还旧居，不索其直。坡自是遂回毗陵，不复买宅，借顾塘桥孙氏居暂住焉。是岁七月，坡竟殁于借居。[①]

就还屋而不索其值一事看，东坡这明明是为利人而损己；但如果东坡不这样做，心里肯定会感到极度不安；这样一想，结果于己仍然有有利之处，即帮了人家自己也会获得快慰之感。

再看《罢徐州，往南京，马上走笔寄子由五首》其一：

吏民莫扳援，歌管莫凄咽。

吾生如寄耳，宁独为此别。

别离随处有，悲恼缘爱结。

而我本无恩，此涕谁为设。

纷纷等儿戏，鞭鞑遭割截。

道边双石人，几见太守发。

有知当解笑，抚掌冠缨绝。[②]

---

① 颜中其.苏东坡轶事汇编[M].长沙：岳麓书社，1984：241.

② 苏轼撰，王文诰辑注，孔凡礼点校.苏轼诗集：第三册[M].北京：中华书局，1982：936.

诗写作者奉命调离徐州时，吏民舍不得他离开的情景；于此东坡既感惭愧，又觉欣慰，以石人"抚掌冠缨绝"来衬托自己的心情。他在领导这次抗灾时虽然付出了极大的艰辛，但却换来心里的无比欢快。因此，我们是否能说，损己而利人实质上就是因利人而利己，两者在根本上是统一的，彼此不可分离。"或谓东坡曰：'子无病而多蓄药，不饮而多置酒，劳己以为人，何也？'坡笑曰：病者得药，吾为之体轻；饮者困于酒，吾为之酲适，盖专以自为也。"①为人与自为就这样统一起来了。

前文我们曾谈到东坡常以梦喻人生，人间是梦，万事是梦，过去是梦，来者也是梦，等等；然而说得最最彻底的还是："那知梦幻躯，念念非昔人。"②"此身自幻孰非梦？故国山水聊心存。"③连自身这个人都是梦都是幻，还有什么是真实的存在呢？可能就没有了吧！这一彻底之梦，我看也有积极、消极的双重作用，梦幻之躯自然不必去追求什么功名利禄、荣华富贵，计较什么得失荣辱甚至什么生死存亡！但若

① 孔凡礼.苏轼年谱：下[M].北京：中华书局，1998：1386.

② 苏轼撰，王文诰辑注，孔凡礼点校.苏轼诗集：第五册[M].北京：中华书局，1982：1381.

③ 苏轼撰，王文诰辑注，孔凡礼点校.苏轼诗集：第六册[M].北京：中华书局，1982：1999.

人人都作如是之想，那整个人类也就永远不会进步了。由于这不符人性，归根到底，可能也只是说说而已。真以身为梦幻者可能世所罕见。

《东坡志林》有如下一则，非常有趣：

> 刘聪闻当为须遮国王，则不复惧死，人之爱富贵，有甚于生者。月犯少微，吴中高士求死不得，人之好名，有甚于生者。①

只是有两个比较生僻的典故。前一个说的是晋时有个叫刘聪的大官，他有个儿子叫刘约，病死后仍有一个手指尚温，所以就没有给他入殓，后来就又苏醒过来了。他对父亲说阴间有个须遮国，国王虚位已久，就在等你去封你为王。刘聪说："若果真如此，我死也就不怕了！"另一个故事也出在晋代。说的是，吴中的戴逵和会稽的谢敷都是当时著名的隐士。有一年，月亮侵入处士星，由于处士星代表隐者，人们以为戴有德有才，或将遭遇不幸。结果不久死的不是戴逵，而是谢敷。于是会稽人士就讥嘲说："吴中高士，便是想死也死不成。"两句话，两个故事，说尽了不少世人把富贵看得比生命还重，把名声看得比生命还重的事

---

① 苏轼撰，王松龄点校.东坡志林[M].北京：中华书局，1981：90.

实。这当然是笑话，说说无妨，听听也好，只是笑人家易，笑自己难！

但笑话毕竟是笑话，我想世人一般都不会拿自己当前鲜活的生命去换取莫须有的阴间须遮国国王的王位吧！但人只要活着，势必就要面对和处理和旁人的关系，问问自己已否或会否损人，能否尽量做到人、己皆利，甚至在必要时即便损己也要利人等这些问题。

3. 朝云为何最终未被扶正

东坡曾有前后两任妻子，第一任王弗，她十六岁嫁给东坡，育有一子苏迈。王弗知书达礼，贤惠聪明，确实是东坡的贤内助，恩爱情深。东坡在《亡妻王氏墓志铭》中曾写到如下的细节：

轼与客言于外，君立屏间听之，退必反覆其言曰："某人也，言辄持两端，惟子意之所向，子何用与是人言。"有来求与轼亲厚甚者，君曰："恐不能久。其与人锐，其去人必速。"已而果然。将死之岁，其言多可听，类有识者。其死也，盖年二十有七而已。①

　　她去世十年后，东坡作《江城子》以悼亡：

　　十年生死两茫茫。不思量。自难忘。千里孤坟、无处话凄凉。纵使相逢应不识，尘满面，鬓如霜。　　夜来幽梦忽还乡。小轩窗。正梳妆。相顾无言、惟有泪千行。料得年年断肠处，明月夜，短松冈。②

　　真是我们文学史上最好的悼亡作品之一。"不思量，自难忘"，前后两句正是绝配。没有前面的"不思量"，"自难忘"则神气顿失，诗意全无。东坡令人难忘的"自难忘"，完全由于前面"不思量"的衬托或者说提携，而下文所写的回忆，不是想起她当年的美貌，而是今日的憔悴、白发，这也非常人所能到；当然，"尘满面，鬓如霜"，也可理解为东坡自况。不过，我觉得，只有这样全从对方出发的想象，似乎不合情理的"不识"方见相忆之真之切。分别已经十年，今日相见，该有千言万语可说、要说、急于说，如各自的遭遇、

①　苏轼撰，茅维编，孔凡礼点校.苏轼文集：第二册［M］.北京：中华书局，1986：472.

②　邹同庆，王宗堂.苏轼词编年校注：上册［M］.北京：中华书局，2007：141.

儿子的境况，等等，但一时又不知从何说起，已都在流不断的千行泪之中了，此时此际，竟是"无言"远胜有言。尾句还是结于对方的孤独、凄凉、无奈……同时也见出对她无限的爱恋与痛惜。

王弗去世后第三年即熙宁元年（1068），王弗的堂妹王闰之成为苏轼的继室，陪伴他前后共有二十五年，其间包括最为艰难困苦的苏轼被捕以及被贬黄州那段岁月。后来境况有所好转，由于她的主意，十二岁的王朝云成了她家的使女，十八岁成了苏轼侍妾。王闰之确实是位贤妻良母，苏轼因此在她死后发愿要和她同穴。苏辙后来实现了他的心愿。

我觉得，几乎可以肯定的是苏轼和朝云感情最深。先看东坡为她写的墓志铭：

东坡先生侍妾曰朝云，字子霞，姓王氏，钱塘人。敏而好义，事先生二十有三年，忠敬若一。绍圣三年七月壬辰，卒于惠州，年三十四。八月庚申，葬之丰湖之上栖禅山寺之东南。生子遁，未期而夭。盖常从比丘尼义冲学佛法，亦粗识大意。且死，诵《金刚经》四句偈以绝。铭曰：浮屠是瞻，伽蓝是依。如汝宿心，惟佛之归。①

---

① 苏轼撰，茅维编，孔凡礼点校.苏轼文集：第二册[M].北京：中华书局，1986：473－474.

　　东坡当然有悼亡之作。《悼朝云》引云，"绍圣元年十一月，戏作《朝云》诗"，这次是和作：

　　　　苗而不秀岂其天，不使童乌与我玄。

　　　　驻景恨无千岁药，赠行惟有小乘禅。

　　　　伤心一念偿前债，弹指三生断后缘。

　　　　归卧竹根无远近，夜灯勤礼塔中仙。①

　　所和原作结句也写道："丹成逐我三山去，不作巫阳云雨仙"②，完全是挚友、知音、同道的口吻。诗序云"予家有数妾，四五年相继辞去，独朝云者，随予南迁"。《惠州荐朝云疏》中说："有侍妾王朝云，一生辛勤，万里随从。"③在苏轼远贬惠州时期，她总是克勤克俭，任劳任怨，甚至还常常下地耕作，以解无炊之忧。绍圣三年（1096）七月，染病身亡，年仅三十四岁。朝云死后，苏轼将她葬在惠州栖禅寺大圣塔下，"僧作亭覆之，榜曰'六如亭'"，苏轼有联曰：

---

① 苏轼撰，王文诰辑注，孔凡礼点校.苏轼诗集：第七册[M].北京：中华书局，1982：2202-2203.

② 苏轼撰，王文诰辑注，孔凡礼点校.苏轼诗集：第六册[M].北京：中华书局，1982：2074.

③ 苏轼撰，茅维编，孔凡礼点校.苏轼文集：第五册[M].北京：中华书局，1986：1910.

不合时宜，唯有朝云能识我

独弹古调，每逢暮雨倍思卿

从联中的"唯有"，可见东坡对她感情之笃，评价之高。其实，上下两联各有所据。上联是：

东坡一日退朝，食罢扪腹徐行，顾谓侍儿曰："汝辈且道，是中何物？"一婢遽曰："都是文章。"坡不以为然。又一人曰："满腹都是识见。"坡亦未以为当。至朝云，乃曰："学士一肚皮不入时宜。"坡捧腹大笑。①

下联则与秦观一首词相关。朝云曾奉苏轼之命，向秦观索词；秦观作《南歌子》：

霭霭凝春态，溶溶媚晓光。何期容易下巫阳。只恐使君前世、是襄王。　暂为清歌驻，还因暮雨忙。蹩然归去断人肠。空使兰台公子、赋高唐。②

苏轼也写了答词：

---

① 费衮撰，全圆整理.全宋笔记[M].郑州：大象出版社，2019：52.

② 邹同庆，王宗堂.苏轼词编年校注：中册[M].北京：中华书局，2016：695.

云鬟裁新绿，霞衣曳晓红。待歌凝立翠筵中，一朵彩云何事下巫峰。 趁拍鸾飞镜，回身燕漾空。莫翻红袖过帘栊，怕被杨花勾引嫁东风。①

苏轼为朝云写了不少文字，表达了对她的无限深情。如绍圣三年（1096），端午节前，朝云生日，苏轼特地为她庆生，并作《王氏生日致语口号》，结尾两句说："万户春风为子寿，坐看沧海起扬尘。"

绍圣二年五月四日为赠朝云作《殢人娇》：

白发苍颜，正是维摩境界。空方丈、散花何碍。朱唇箸点，更髻鬟生彩。这些个，千生万生只在。 好事心肠，著人情态。闲窗下、敛云凝黛。明朝端午，待学纫兰为佩。寻一首好诗，要书裙带。②

朝云去世后，写得更多一些。如绍圣三年七月为作《雨中花慢》：

嫩脸羞蛾因甚，化作行云，却返巫阳。但有寒灯孤

① 邹同庆，王宗堂.苏轼词编年校注：中册[M].北京：中华书局，2016：692.
② 同①759.

枕，皓月空床。长记当初，乍谐云雨，便学鸾凰。又岂料、正好三春桃李，一夜风霜。　　丹青入画，无言无笑，看了漫结愁肠。襟袖上，犹存残黛，渐减余香。一自醉中忘了，奈何酒后思量。算应负你，枕前珠泪，万点千行。①

《西江月·梅花》：

玉骨那愁瘴雾，冰姿自有仙风。海仙时遣探芳丛。倒挂绿毛么凤。　　素面翻嫌粉涴，洗妆不褪唇红。高情已逐晓云空。不与梨花同梦。②

这首其实也属悼亡。《苏轼词编年校注》注引前人注曰："公自跋云：'诗人王昌龄，梦中作梅花诗。南海有珍禽，名倒挂子，绿毛，如鹦鹉而小。惠州多梅花，故作此词。'诗话云：王昌龄诗曰'落落寞寞路不分，梦中唤作梨花云'，方知公引用此诗。"

曹雪芹在《红楼梦》第二回将朝云与卓文君、红拂、薛涛、崔莺并而列之，我觉得非常合适。

---

① 邹同庆，王宗堂.苏轼词编年校注：中册[M].北京：中华书局，2016：782.

② 同①785.

但在苏轼心目中，似乎朝云始终只是"婢""妾"。在他到惠州后给友人的信中说："某到此八月，独与幼子一人、三庖者来。"①朝云为三庖人之一。

惠州《与陈季常十六首》之十六："自当途闻命，便遣骨肉还阳羡，独与幼子过及老云并二老婢共吾过岭。"②

他给朋友林天和写信说："某亦旬浃之间，丧两女使，况味牢落……"③

称朝云不是庖人，就是女使，女使是北宋对婢女的一种叫法，唯一让我觉得有点欣慰的是"老云"：老云不老，谓之"老"者，亲切也。但在正式场合，如墓志铭，首句说"东坡先生侍妾曰朝云"——东坡自称"先生"极为罕见，在此铭文一开头就自称"东坡先生"，我总觉得他与墓中之人缺乏应有的平等意识。

《词林纪事》卷五引《林下词谈》载："子瞻在惠州，与朝云闲坐。时青女初至（指秋霜初降），落木萧萧，凄然有悲秋之意。命朝云把大白，唱'花褪残红'。朝云歌喉将啭，泪满衣襟。子瞻诘其故，答曰：'奴所不能歌，是"枝上柳绵吹又

① 苏轼撰，茅维编，孔凡礼点校.苏轼文集：第四册[M].北京：中华书局，1986：1531.

② 同①1570.

③ 同①1633.

少，天涯何处无芳草"也。'子瞻翻然大笑曰：'是吾正悲秋，而汝又伤春矣。'遂罢。朝云不久抱疾而亡。子瞻终身不复听此词。"——朝云何故不能歌"枝上柳绵吹又少，天涯何处无芳草"？我想极有可能是由柳绵想起了自己的命运，八岁就沦落为歌舞班中人，而后总算遇上了东坡，开始也只是他家的婢女而已，一切都得听主人的。后来成为苏轼的侍妾，生了一个儿子，但不久就夭折了。东坡有诗二首：

其一

吾年四十九，羁旅失幼子。
幼子真吾儿，眉角生已似。
未期观所好，蹁跹逐书史。
摇头却梨栗，似识非分耻。
吾老常鲜欢，赖此一笑喜。
忽然遭夺去，恶业我累尔。
衣薪那免俗，变灭须臾耳。
归来怀抱空，老泪如泻水。

其二

我泪犹可拭，日远当日忘。
母哭不可闻，欲与汝俱亡。

故衣尚悬架，涨乳已流床。

感此欲忘生，一卧终日僵。

中年忝闻道，梦幻讲已详。

储药如丘山，临病更求方。

仍将恩爱刃，割此衰老肠。

知迷欲自反，一恸送余伤。①

儿子的夭折对朝云的打击可以说是致命性的，因为几乎可以肯定的是她极有可能把命运的转折寄托在了儿子身上，现在竟然落空了，由此产生"欲与汝俱亡"的念头完全可以理解。朝云对儿子的爱不仅仅是一般的母爱，儿子的夭折也是自己一生希望的夭折。

　　本来命运不能自主的柳绵，即使落地以后还有再次生长的希望，可是现在已被长满天涯的"芳草"永远掩埋了，怎能不叫朝云痛断肝肠呢？此时此刻东坡"翻然大笑"，我以为东坡在这一点上并未真正了解朝云。但后来总算有所觉悟，"终身不复听此词"。

　　但我总觉得难以理解的是，在礼教远比北宋严苛的清代，平儿尚且都被贾琏扶正了；苏轼如此深爱着朝云，为什

① 苏轼撰，王文诰辑注，孔凡礼点校.苏轼诗集：第四册[M].北京：中华书局，1982：1239-1240.

么在闰之死后这么多年一直未将朝云扶正？我由衷认为东坡
对朝云是真诚的，但他最终还是以之为妾，我不明白东坡于
此究竟是怎样想的。

结语　由士而臣而民而人

我完全服膺王国维的如下论断：

> 三代以下之诗人，无过于屈子、渊明、子美、子瞻者。此四子者苟无文学之天才，其人格亦自足千古。故无高尚伟大之人格，而有高尚伟大之文学者，殆未有之也。[①]

但觉得并不能据此论定在他心目中苏轼的成就和贡献仅仅在文学方面，苏轼仅仅是位诗人。其实苏轼还是一位卓越的政治家和思想家。就苏轼本人的志向而言，"诗人"其实已经发生了错位，少时就"奋励有当世志"，"作诗寄谢采薇翁，本不避人那避世"[②]；他原是想要像范滂那样在政治上有一番大作为，但近千年以来的读者大多所给出的评价也似乎都是：

---

① 王国维.文学小言［M］//王国维文学美学论著集.上海：上海三联书店，2018：65.

② 苏轼撰，王文诰辑注，孔凡礼点校.苏轼诗集：第二册［M］.北京：中华书局，1982：434.

大诗人，是我国历史上在文学艺术领域的各个方面都作出了卓越贡献的卓越人物，总是着眼于他的文学艺术。

"我本不违世，而世与我殊。"①他没能成为范滂那样的人物，而成为大诗人，对此，不知苏轼自己作何感想。且看史传的论述和评价。《宋史》本传总结其一生说："自为举子至出入侍从，必以爱君为本，忠规谠论，挺挺大节，群臣无出其右。但为小人忌恶挤排，不使安于朝廷之上。"其"论曰"评价道：

> 器识之闳伟，议论之卓荦，文章之雄隽，政事之精明，四者皆能以特立之志为之主，而以迈往之气辅之。故意之所向，言足以达其有猷，行足以遂其有为……二君（指仁宗、神宗）皆有以知轼，而轼卒不得大用。一欧阳修先识之，其名遂与之齐，岂非轼之所长不可掩抑者，天下之至公也，相不相有命焉，呜呼！轼不得相，又岂非幸欤？或谓："轼稍自韬戢，虽不获柄用，亦当免祸。"虽然，假令轼以是而易其所为，尚得为轼哉？②

---

① 苏轼撰，王文诰辑注，孔凡礼点校.苏轼诗集：第二册[M].北京：中华书局，1982：329.

② 脱脱.宋史：卷第三百三十八[M].北京：中华书局，1985：10818-10819.

其实，"必以爱君为本"未必就是苏东坡的从政理念，也确实不能以是否得到皇帝大用尤其是曾否拜相为标准论其一生成败。至于其诗，《宋史》本传几乎未置一词。说是"几乎"，是难以肯定"文章"是否将其诗词排除在外。

苏辙《亡兄子瞻端明墓志铭》，篇幅虽长，论其诗者只有一句话："公诗本似李、杜，晚喜陶渊明，追和之者几遍，凡四卷。"重点还只放在"和陶"上。苏辙所作的《亡兄子瞻端明墓志铭》和《宋史》本传这两篇带权威性的文字对他作出评价的立场和角度高度一致。但《亡兄子瞻端明墓志铭》的作者毕竟是他的弟弟，而他们兄弟的感情之笃在历史上罕见其匹。《亡兄子瞻端明墓志铭》最后说："孔子谓伯夷、叔齐古之贤人，曰：'求仁而得仁，又何怨。'公实有焉。"真为知音之言。与《宋史》本传"必以爱君为本"差异不小。我以为，"爱君"二字应易以"求仁"二字方较确切，东坡伟大人格的核心就是坚持以爱人为本。

不过我们更重视的是他的自我评价。据《亡兄子瞻端明墓志铭》，他死前几天曾对家人说，"吾生无恶，死必不坠，慎无哭泣以怛化"（人死乃是自然变化，一定不要以哭泣去惊动他。怛，音 dá）。"人之死乃自然变化，不要惊动他"，怎么理解？林语堂的理解是："我平生未尝为恶，自信不会进地狱。"[1]我

---

① 林语堂.苏东坡传[M].张振玉，译.长沙：湖南文艺出版社，2012：344.

想，世间做人"未尝为恶"者真是多了去了，如此理解实难表现东坡之为东坡高出于一般人之处，未必准确。

怀疑之余，不免生出一点浅见。

"吾生不恶，死必不坠"前后两个分句显然是因果关系，我以为，东坡之谓"无恶"，就是求仁，就是无害于仁，就是爱人。这可以从他早年写的《仁说》一文找到解释："无恶"即"凡害于仁者尽也。害于仁者尽，则仁不可胜用矣"。[1]他一生"无恶"，就是始终坚持爱人，从而不断走向"高尚伟大"，终于"求仁得仁"，成就了"高尚伟大"。坠，从土，意为坠落到地上。由于只把"无恶"理解为不做恶事；"死必不坠"，也就成了必定不会坠入地狱。其实，"死必不坠"承上句而来，其意思应当是：我死后也一定不会从人间坠落。意即，人们必不会忘记我，我将会继续留在人间。他对自己的为人、事业、文学具有充分的信心，"吾生无恶"，特别是始终爱人这一点，是他一生最为自信的，并且坚定地相信：这一精神绝对不会随着自己肉身的消失而消失。可能他没有料到的是他主要只以诗人之名传世，而他自己却是自始至终在自觉地努力做一个符合自己理想的人。王国维充分肯定了他的人格，以及他的人格和他的文学之间的必然关系，可谓真

---

[1] 苏轼撰，茅维编，孔凡礼点校.苏轼文集：第一册[M].北京：中华书局，1986：337.

知音也!

东坡对人的认识、待人的态度，应该说是基于孔孟"仁者爱人"的思想，难能可贵的是东坡在生活中、现实里能够撇开等级制度和观念去爱人，并能自觉坚持，尽心竭力，努力养成接近于近现代色彩的人文情怀。他如此真诚地待人，又特别是底层民众，为他们着想，为他们发声，为他们做事；而且他是非这样去做不可，仅仅为了安心，为了高兴，毫无功利的算计。六十六年来，与民越走越近，与此同时，他自己也因此而与"人"越走越近，终于化而为一，基本上完成了由"士"而"臣"而"民"最后向"人"的自觉转变。有朋友见到北归时的东坡，"浮华豪习尽去，非昔日子瞻也"[1]。

对九百多年前的士大夫来说，这已经非常了不起了，尽管他最终也未必完全彻底地摆脱旧时士大夫的意识，这并不奇怪，令人惊异的倒是他居然能够走在自唐宋以来士大夫的最前列，成为一个始终值得我们仰视的"人"。他，苏东坡，不能不说是我们民族的骄傲！

---

[1] 邵博撰，李剑雄、刘德权点校.邵氏闻见后录[M].北京：中华书局，1983：159.

后　记

　　1960 年我大学毕业前后，对苏东坡发生浓烈的兴趣，甚至萌发了此生就从事研读苏东坡的心愿；但现实往往是骨感的，后来分配到中师、中学任教，面对学生，我没有不认真教学的理由。2019 年，应约总结自己六十年语文教学生涯的《守望语文的星空》交付出版，在《后记》里，我引了自己几年前写的一首小诗：

　　　　前身原是一书童，煮酒烹茶明月中。
　　　　六十年来长告假，踟蹰愧见老髯翁。

约十几年前，我在《依韵奉和黄玉峰兄咏东坡诗》中又写道：

　　　　江河后浪推前浪，贤哲滔滔自古多。
　　　　莫怪狂言来井底，敢称兄弟只东坡。

此处"兄弟"就是"朋友"的意思。我之所以敢，就是因为东坡自己声称他"上可以陪玉皇大帝，下可以陪悲田院乞儿"。在我心里，东坡是我的师长，更是我的朋友，这是我读古今中外别的作家从未有过的感受；真高兴六十年后还能回东坡的身边。于是我放下了年老多病带来的种种顾虑，看他的书，读他的心，学他的人，从中似乎窥见了人生的真谛，真正体验到了人生的快乐，其乐无穷！

在这过程中，有时乐以忘形，难免会和朋友谈起此中的心得，于是他们就仿佛事前相约过似的一致劝我就此写点什么。开始我坚决拒绝，但他们不肯善罢甘休，几次三番，我终于投降，于是有了这本小册子。在朋友中，杨更生君是其中最积极者之一，他为人恳挚热诚，古文功底深厚，藏书又相当丰富，对东坡也颇感兴趣，这一来他就为自己讨得不少"苦头"。约近两年以来，我每有所得或所疑，往往首先给他电话或微信，与他分享或商量或求教，他也几乎乐此不疲，还说是"跟着你学习，获益多多"，真希望我"逼"着他东翻西找，对他也有一定的助益。在阅读东坡的过程中，碰到语言文字方面的问题，多方查考仍难解决时，我就会向著名文字学家陈年福教授请教，而他总是有求必应。应该说，我向他学得的不仅仅是古汉语方面的知识，我虽称他为"兄"，实际上应该说他是我的老师。西渡、颜炼军、金晓涛、陈智峰、邵金生、朱荣生等诸位也给了我许多帮助和支持，在此一并表示由衷的感谢！我还要感谢何勇先生对出版本书的支持！感谢易英华编辑为本书付出了大量心血，她的敬业精神给我留下了极其深刻的印象。

饮水思源，我自然想起夏承焘老师当年指点我看王文诰的《苏文忠公诗编注集成》的往事，他特别指出，前面的"总案"部分相当于苏轼年谱，可认真参考。1975 年我路过杭州去看先生，顺便拿了几首旧体诗习作请教。他看后拿出笔来，说："我们商量商量。"这"商量"二字给我的印象特别深。记得其中有两首绝句是写苏东坡的，一首他加了双圈；另一首有"梦里乌台西子雨，东依牛舍筑茅庐"两句，他问："你怎么说是'东依'？"我答道："他自己不是说'家在牛栏西复西'吗？"他笑了，亲切地说："'东'还是改成'来'吧，怎么样？"他接着又说："写诗有时不能太落实，要空灵一点。"由"东"而"来"，虽是一字之差，对我却颇有震撼，至今记忆犹新。当年我工资很低，为了省钱，硬是两个月忍着不抽香烟，改成旱烟，总算向上海的旧书店买到了王文诰的著作，认真钻研。这书难免有局限，而且时有废话，但确实有它独特的价值。

我这次接受朋友的劝说写作这本小册子，根本动机是为了梳理这些年来与苏东坡交友的心得，同时也向夏老师等师友表示感恩之意。

王尚文

2021.12.25

图书在版编目（CIP）数据

东坡心耕录 / 王尚文著. — 上海：上海教育出版社，
2023.3
ISBN 978-7-5444-7434-4

Ⅰ.①东… Ⅱ.①王… Ⅲ.①苏轼（1036-1101）-
人物研究②苏轼（1036-1101）- 古典文学研究 Ⅳ.
①K825.6②I206.2

中国国家版本馆CIP数据核字(2023)第033093号

责任编辑　易英华
封面设计　东合社·安宁

东坡心耕录
DONGPO XINGENG LU
王尚文　著

出版发行　上海教育出版社有限公司
官　　网　www.seph.com.cn
地　　址　上海市闵行区号景路159弄C座
邮　　编　201101
印　　刷　上海展强印刷有限公司
开　　本　890×1240　1/32　印张 8.5　插页 4
字　　数　156 千字
版　　次　2023年4月第1版
印　　次　2023年4月第1次印刷
书　　号　ISBN 978-7-5444-7434-4/G·6123
定　　价　59.80 元

如发现质量问题，读者可向本社调换　电话：021-64373213